por acaso você olhou pra bunda daquela garota?
olhei.
mas foi por acaso.

Luiz André Alzer
Bruno Drummond

Meu livro do Rio

OBJETIVA

Grafia atualizada segundo o Acordo Ortográfico da Língua Portuguesa de 1990, que entrou em vigor no Brasil em 2009.

Projeto gráfico de capa e miolo
Marcelo Martinez | Laboratório Secreto

Revisão
Luana Luz de Freitas e **Leonardo Alves**

CIP-BRASIL. CATALOGAÇÃO NA PUBLICAÇÃO
SINDICATO NACIONAL DOS EDITORES DE LIVROS, RJ

A486m
Alzer, Luiz André
Meu livro do Rio/ Luiz André Alzer, Bruno Drummond; ilustrações Bruno Drummond - 1. ed. - Rio de Janeiro: Objetiva, 2015.
160p. : il.

ISBN 978-85-390-0714-1

1. Rio de Janeiro (RJ) - Guias. 2. Rio de Janeiro (RJ) - Usos e costumes. 3. Almanaques brasileiros. I. Drummond, Bruno. II. Título.

15-26432 CDD: 918.1531
CDU: 913(815.31)

EDITORA OBJETIVA LTDA.
Rua Cosme Velho, 103
22241-090 — Rio de Janeiro — RJ
Telefone: (21) 2199-7824
Fax: (21) 2199-7825
www.objetiva.com.br

Esta obra foi composta pela Filigrana em Rooney 10/12,5 pt
e impressa em ofsete pela Lis gráfica sobre papel pólen bold da Suzano
Papel e Celulose para a editora Objetiva em novembro de 2015

FSC
www.fsc.org
MISTO
Papel produzido a partir de fontes responsáveis
FSC® C112738

A marca FSC® é a garantia de que a madeira utilizada na fabricação do papel deste livro provém de florestas que foram gerenciadas de maneira ambientalmente correta, socialmente justa e economicamente viável, além de outras fontes de origem controlada.

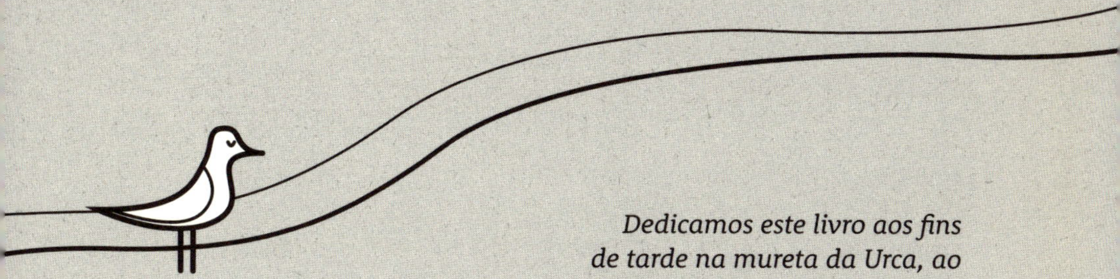

Dedicamos este livro aos fins de tarde na mureta da Urca, ao chope na pressão do Bar Brasil, ao sanduíche de filé com queijo e abacaxi do Cervantes, ao pedalinho da Lagoa, e aos saudosos Canecão e Cine Paissandu.

Apresentação

É um guia? É um almanaque? É um diário? *Meu livro do Rio* é um pouco disso tudo. Pode ser útil para você conhecer um cantinho novo da cidade. Ou para redescobrir um velho lugar. Pode revelar curiosidades, ajudar a desempatar dúvidas ou simplesmente proporcionar uma leitura agradável na praia. E, quem sabe, ainda pode te ajudar a organizar anotações, fotos e outros cacarecos que ficam espalhados (e perdidos) em blocos, celulares, Facebooks e perfis do Instagram.

Meu livro do Rio, acima de tudo, tem o jeitão carioca. É irreverente e despretensioso, mas com um olhar aguçado sobre o Rio de Janeiro. Só não tem a arrogância de ser definitivo. Você completa, discorda ou rabisca como achar melhor. Se tudo correr bem, daqui a algum tempo estas páginas estarão bem diferentes.

Luiz André Alzer
Bruno Drummond

é um livro de **colorir?**
não. é um livro pra ler, anotar coisas, colar memórias.
um livro de atividades?
não. o livro também tem dicas, cartuns, curiosidades...
então eu não tenho que fazer nada?
o livro é seu, faça o que quiser com ele.
posso **colorir???**

Vai dar praia

A distância do **Leme ao Pontal**, beirando a orla, é de 35 quilômetros. Em 2008, Luiz Lima, especialista em maratonas aquáticas, saiu do Pontal, a nado, à uma da manhã. Chegou ao Leme nove horas depois.

A **Joatinga** é a menor entre as boas praias urbanas do Rio. São só 210 metros de faixa de areia, que desaparecem quando a maré sobe. Para quem nunca foi, pegue a estrada do Joá, entre no condomínio fechado na rua Pascoal Segreto (tem cancela, mas ela abre) e siga até a rua Sargento José da Silva. Você vai ver a praia lá embaixo. É preciso então descer pelas pedras, por uns dez minutos. Na areia não se vende nada e o celular é duro de pegar. Por tudo isso, é um paraíso.

A orla tem **27 postos de salvamento**. Do Leme ao Leblon, a numeração vai do 1 ao 12, mas na verdade são apenas onze: o Posto 6, como é chamado o finzinho de Copacabana, não existe. Em São Conrado está o Posto 13. A partir do Pepê, na Barra, a contagem recomeça: vai do 1 ao 12, que fica já no Pontal. Os três restantes estão no Flamengo.

Na **praia de Abricó**, nos fins de semana e feriados, é obrigatório ficar sem roupa nos seus 250 metros de extensão. Durante a semana, o uso da roupa é facultativo. Mas uma pesquisa mostrou que não importa o dia, a média histórica de frequentadores é de 75% a 80% de homens. Isso porque em Abricó, diferentemente de outras praias naturistas do país, não há restrições para marmanjos entrarem sozinhos.

O célebre **calçadão de Copacabana** foi construído em 1906, mas as ondas em pedra portuguesa eram perpendiculares ao mar. Elas ficaram paralelas no início dos anos 30, após uma ressaca violenta destruir parte do piso, que precisou ser reconstruído. O desenho definitivo, de curvas mais longas, surgiu pelas mãos de Burle Marx, nos anos 70, com a duplicação da Atlântica. Apenas outra praia carioca tem também o calçadão em ondas: a de São Conrado.

VOCÊ PROVAVELMENTE NÃO CONHECE nem metade das praias do Rio. Não chega a ser um absurdo. Em algumas, especialmente as banhadas pela baía de Guanabara, não é lá muito recomendável o mergulho. Mas como ao menos uma visita sempre cai bem, aqui vai a relação de todas as praias da cidade. Taí uma boa oportunidade de zerar a lista.

- [ ] Abricó
- [ ] Amores
- [ ] Arpoador
- [ ] Bananal
- [ ] Bandeira
- [ ] Barão
- [ ] Barra da Tijuca
- [ ] Barra de Guaratiba
- [ ] Bica
- [ ] Botafogo
- [ ] Brisa
- [ ] Canto
- [ ] Conchas
- [x] Copacabana
- [ ] Dentro
- [ ] Diabo
- [ ] Engenhoca
- [ ] Flamengo
- [ ] Fora
- [ ] Freguesia
- [ ] Funda
- [ ] Galeão
- [ ] Glória
- [ ] Grumari
- [ ] Guanabara
- [ ] Inferno
- [ ] Ipanema
- [ ] Joatinga
- [ ] Leblon
- [ ] Leme
- [ ] Macumba
- [ ] Marambaia
- [ ] Meio
- [ ] Moreninha
- [ ] Pepê
- [ ] Pepino
- [ ] Perigoso
- [ ] Pitangueiras
- [ ] Ponta Grossa
- [ ] Pontal
- [ ] Prainha
- [ ] Ramos
- [ ] Recôncavo
- [ ] Recreio
- [ ] Reserva
- [ ] Ribeira
- [ ] São Bento
- [ ] São Conrado
- [ ] Sepetiba
- [ ] Urca
- [ ] Vermelha
- [ ] Vidigal
- [ ] Zumbi

Todo mundo já foi um dia

E as outras praias de Paquetá: Tamoios, Catimbau, Lameirão, Covanca, Coqueiros, São Roque, Frades, Imbuca, Mesbla, Grossa e José Bonifácio.

ALGUMAS PRAIAS A QUE VOCÊ NÃO PODE MAIS IR.
Foram aterradas e, literalmente, sumiram do mapa.

Praia da Ajuda
Ficava bem em frente ao que hoje é a Cinelândia.

Praia do Russel
Quando não existia o aterro do Flamengo, ela banhava a rua do Russel.

Praia de Santa Luzia
Muita gente nadava a poucos metros da mureta de pedra da igreja de Santa Luzia.

Praias do Peixe e Dom Manuel
Cada uma ficava de um lado de onde hoje é a praça Quinze. No meio, existia ainda a Prainha (não a homônima venerada pelos surfistas, que ainda não havia sido desbravada).

Praia de São Cristóvão
Ocupava a área da rodoviária e parte do bairro do Santo Cristo. Era o chamado Saco de São Cristóvão, onde ficava a praia.

Praia da Gamboa
Uma das preferidas dos pescadores. Ficava numa pequena enseada, que foi aterrada no início do século XX para a construção do Porto. Onde ficava a estreita faixa de areia existe hoje a Cidade do Samba.

Daria para fazer outra olimpíada no Rio sem sair da praia

Frescobol | O mais carioca dos esportes de praia foi criado no Posto 2, em Copacabana, em 1946. E desde então nunca foi um jogo de competição entre os jogadores, mas sim de parceria. Para quem leva a sério, as regras são cheias de detalhes. Cada partida dura cinco minutos e o cronômetro é parado quando a bola cai. Quatro juízes avaliam quatro quesitos: ataque (o principal deles), sequência sem a bola cair, intensidade e equilíbrio (que mede se os dois jogadores atacam e defendem). Mas vamos combinar que, para desestressar, é muito melhor bater uma bolinha sem maiores pretensões.

Altinho | Quanto maior a roda, melhor. Em tese, é proibido jogar perto da água entre oito da manhã e cinco da tarde, mas fora do verão ninguém coíbe. E todo mundo que não joga já levou uma bolada.

Beach tênis | Tênis de areia? Frescobol com rede? Mais do que isso, o beach tênis flerta também com o badminton (as redes ficam quase na mesma altura) e até com o vôlei de praia (as dimensões da quadra são idênticas). Mas as regras são bem parecidas com as do tênis de quadra. Surgiu na Itália e até 2009 nunca tinha sido visto numa praia do Rio.

STAND UP COMEDY

Stand up paddle | Primeiro, alinhe os pés paralelamente, lado a lado, como se estivesse parado, e com uma distância equivalente à dos seus ombros. Agora, flexione de leve os joelhos e não incline o corpo para a frente. Mantenha o tronco na vertical. Pronto, já pode começar a remar.

Slackline | Basta uma fita de náilon apropriada, equilíbrio e duas árvores. Ou seja, os coqueiros de Ipanema estão ali para isso.

Futevôlei | Romário joga na rede do Viajandão, na Barra, e Renato Gaúcho, na da Vinícius de Moraes, em Ipanema. Outras redes famosas: Maracanã e Bariri (as duas em frente à rua Constante Ramos, em Copacabana, berço do futevôlei), Miguel Lemos (Copacabana), Garcia D'Ávila (Ipanema) e Barramares (Barra).

Futebol de praia | Tem até Copa do Mundo, mas futebol de praia bom mesmo não é beach soccer. A gente prefere juntar os amigos no fim da tarde, cravar na areia dois pares de Havaianas para fazer as traves e jogar gol pequeno. Mas se tiver só quatro pessoas é melhor uma dupla de praia.

Vôlei de praia | Já está nas olimpíadas, podemos pular.

Surfe | Grumari é a onda mais perfeita da cidade, chega a lembrar as tubulares balinesas. A Prainha é a preferida da nata do surfe, quase para profissionais. Para não dividir o mar com os campeões, é melhor ir para a Macumba, que fica logo ao lado e é uma boa opção quando o mar cresce. Na Reserva, lajes de pedra ajudam a formar ondas grandes e bons tubos. Se você prefere praticar surfe solitário, a Barra é extensa e sempre tem uma boa vala. No Leblon e em Ipanema, as ondas são curtas e quebram perto da beira. O Arpoador tem a melhor onda da Zona Sul, mas está sempre o maior crowd.

Bodyboard | Cresceu nas praias cariocas a geração de bodyboarders mais vitoriosa do Brasil, com nada menos que catorze títulos mundiais femininos. Faça a conta: Stephanie Pettersen (4), Glenda Kozlowski, ela mesma (4), Mariana Nogueira (3), Daniela Freitas (2) e Karla Costa (1). Isso sem contar o hexacampeonato mundial do carioca Guilherme Tâmega.

Handbeach | Para quem achou que já tinha visto de tudo na praia, a novidade é o handebol de areia. Diferenças básicas da quadra: são só quatro jogadores, incluindo o goleiro. Se ele marcar um gol, contabiliza dois pontos. Também valem dois pontos os chamados gols espetaculares: marcados depois de um giro no ar ou quando o jogador salta, recebe a bola no alto e arremessa antes de cair. Pronto, agora só falta inventarem o basquete de areia.

Eu sei o que vocês fizeram no

1972
Verão do Píer

A construção de um enorme píer para escorar um emissário submarino fez a qualidade das ondas ficar perfeita para o surfe. Para fixar aquela medonha estrutura de madeira e ferro, muitas toneladas de areia foram retiradas, formando dunas artificiais. Estava criado, na altura da rua Teixeira de Melo, o ponto de encontro de artistas, hippies e cariocas descolados. Eram as populares Dunas do Barato. Ou Dunas da Gal – por causa da cantora, que vivia por lá.

1988
Verão da Lata

De repente começaram a aparecer misteriosas latas boiando no mar de Ipanema. Tinham quase um quilo e meio cada uma. Dentro, um tesouro: maconha prensada, puríssima! A explicação não demorou. Para escapar de um flagrante em alto-mar, o navio panamenho *Solana Star* jogou na costa do Rio as mais de 15 mil latas que transportava. Polícia e banhistas passaram a disputar a tapa uma daquelas relíquias. Surgiu aí a gíria "da lata", até hoje sinônimo de coisa boa.

verão passado (e sempre em Ipanema)

1996
Verão do Apito

Outra vez a maconha ajudou a batizar o verão. Por causa da forte repressão policial nas areias, cariocas do Posto 9 passaram a levar um acessório fundamental para a praia: um apito. Toda vez que alguém avistava uma dupla de PMS, um banhista soprava o apito. Adiante, outro fazia o mesmo e, assim, o alerta se alastrava rapidamente. Todo mundo se livrava do flagrante e os policiais saíam vaiados.

A dobradinha imbatível

Biscoito Globo

Por incrível que pareça, nasceu em São Paulo, em 1953. Mas já no ano seguinte começou a ser vendido no Rio. Oficialmente, o nome surgiu graças à padaria Globo, em Botafogo, onde o biscoito era encontrado nas décadas de 50 e 60. Mas a inspiração veio também do jornal *O Globo*, que se preparava para lançar sua emissora de TV quando a embalagem ganhou forma (o design meio tosco nunca mudou). Não é à toa que o boneco-símbolo é quase irmão gêmeo do Bonequinho, o ícone usado nas críticas de cinema do jornal.

Cada biscoito tem doze calorias e três gramas (o pacote tem trinta gramas). Apesar de hoje existir a embalagem de plástico, que garante vida mais longa ao produto, a de papel vendida na praia é a mais apropriada para ser exposta ao sol. A verde e amarela é do biscoito salgado, e a vermelha e amarela, do doce. Todos os pacotes saem de um único lugar, onde os vendedores batem ponto diariamente às seis da manhã: um sobrado na rua do Senado, 273, no Centro, endereço da única fábrica do Biscoito Globo.

Mate de galão

Feito com erva-mate e água, já vem adoçado e não segue um padrão. Pode estar pouco doce, muito doce ou um melaço. Para fazer o contraponto, tem a limonada (que não é natural, mas sim feita de um concentrado industrializado). Cada galão comporta vinte litros de mate ou limonada, além de gelo. Ninguém sabe onde é feito, e sequer se a água é filtrada.

Por conta dessa suspeita, no verão de 2010 o mate de galão foi proibido nas praias. Mas a comoção e os protestos dos cariocas jogaram areia na lei, que não durou sequer um mês. Em 2012, veio o golpe de misericórdia nos sanitaristas de plantão: os vendedores de mate na praia se tornaram patrimônio do Rio.

Uma curiosidade: para cada copo de limonada vendido, saem dois de mate. Ou seja, na hora da mistura, o carioca prefere sempre a parte maior de mate.

GUARDE AQUI UM DOS MAIORES ÍCONES POP DO RIO.
Vai que um dia um publicitário yuppie tem a infeliz ideia de modernizar o rótulo...

Daqui a algumas décadas esta página pode valer milhões!

Repare nos desenhos da embalagem. Para justificar o nome do biscoito, o padeiro português Alfredo Simões Rosa (dono da padaria Globo e autor dos traços) resolveu estampar quatro cartões-postais: o Pão de Açúcar, a Torre Eiffel, a Torre de Pisa e a menos conhecida Torre de Belém, em homenagem à sua terrinha.

Todos os ônibus que passam na orla

Prainha

Tem que descer na praia da Macumba e subir um quilômetro e meio a pé. Ou pegar o Surf Bus (tel. 3546-1860), ônibus equipado para transportar pranchas, mas que atende não só surfistas. Sai do Largo do Machado às 7h, 10h e 14h e vai pela orla. Passa pelas praias de Botafogo, Leme, Copacabana, Arpoador, Ipanema, Leblon, São Conrado, Barra, Recreio e Macumba, até chegar à Prainha. Você salta onde quiser. O retorno é às 8h30, 12h30 e 16h.

Barra de Guaratiba

867 — Barra de Guaratiba x Campo Grande

Recreio

302 — Rodoviária x Alvorada
315 — Central x Recreio
316 — Central x Recreio
361 — Carioca x Recreio
817 — Vargem Grande x Recreio

Macumba

818 — Recreio x Vargem Grande
880 — Rio das Pedras x Recreio

Barra

302 — Rodoviária x Alvorada
309 — Central x Alvorada
316 — Central x Recreio
317 — Central x Alvorada
805 — Alvorada x J. Oceânico
844 — Barra Shopping x Barrinha
957 — Maré x Alvorada
Integrada 2 — Rio Sul x Alvorada

Ipanema e Leblon

525 – General Osório x Alvorada (só praia do Leblon)
557 – Rio das Pedras x Copacabana
2018 – Galeão x Alvorada
2115 – Pechincha x Castelo
2329 – Recreio x Castelo
2333 – Recreio x Castelo
2334 – Campo Grande x Castelo
2335 – Santa Cruz x Castelo
2337 – Santa Cruz x Castelo
2338 – Campo Grande x Castelo
Integrada 1 – Rio Sul x Alvorada
Integrada 2 – Rio Sul x Alvorada
Integrada 8 – Recreio x Rio Sul

Leme

190 – Rodoviária x Leme
472 – Triagem x Leme
538 – Rocinha x Leme
539 – Rocinha x Leme

Copacabana

136 – Rodoviária x Copacabana
154 – Central x Ipanema
155 – Central x Ipanema
434 – Grajaú x Gávea
435 – Grajaú x Gávea
462 – São Cristóvão x Copacabana
557 – Rio das Pedras x Copacabana
2018 – Galeão x Alvorada
2115 – Pechincha x Castelo
2329 – Recreio x Castelo
2333 – Recreio x Castelo
2334 – Campo Grande x Castelo
2335 – Santa Cruz x Castelo
2337 – Santa Cruz x Castelo
2338 – Campo Grande x Castelo
Integrada 1 – Rio Sul x Alvorada
Integrada 2 – Rio Sul x Alvorada
Integrada 8 – Recreio x Rio Sul

Tragédia do 174

A linha Central-Gávea passava pelas praias do Flamengo e de Botafogo, mas ganhou fama nacional na altura do Parque Lage, no Jardim Botânico. Foi ali que se desenrolou, durante quatro horas, o sequestro do 174, transmitido ao vivo pela TV. Era o Dia dos Namorados, 12 de junho de 2000, e Sandro Nascimento fez oito reféns depois que o ônibus foi cercado pela polícia. O final infeliz todo mundo lembra: o sequestrador e a última refém foram mortos, numa ação desastrada da polícia. E o que mudou de lá pra cá foi o número da linha: virou 143, mas faz o mesmo trajeto.

Lugares incríveis que eu preciso mostrar que visitei

NÃO BASTA VISITAR, TEM QUE REGISTRAR. Selecionamos dez lugares imperdíveis do Rio. Alguns são clássicos, outros só fazem parte de roteiros alternativos, e ainda há aqueles de que dificilmente alguém ouviu falar. Se você já foi, pode colar uma foto (vale até de quando era criança). Se não foi, este é o empurrãozinho que faltava para ir até lá, sacar o celular, fotografar e postar. Mas depois imprime e bota aqui, para o livro ficar mais bacana.

Onde/Quando/Com quem

Mosteiro de São Bento

A missa solene, com canto gregoriano, é aos domingos, às dez da manhã. Quem assiste tem a sensação de estar em 1590, quando foi construído o mosteiro. Mas pouca gente sabe que de segunda a sexta, na missa das 7h30, os monges beneditinos também cantam (aos sábados é às oito). Só não pode usar flash na hora de tirar foto.

Teleférico do Alemão

Muito mais barato que o Pão de Açúcar. O percurso completo, que passa por seis estações, dura dezesseis minutos. Em cada uma das 152 gôndolas cabem até oito pessoas. Lá de cima, você tem ângulos privilegiados de lugares como a igreja da Penha, o Engenhão, a ponte Rio-Niterói e até o Cristo. O serviço é interrompido quando tem ventania forte. Ou tiroteio.

Pedra do Telégrafo

Não está ligando o nome à pessoa? Basta jogar na internet. Certamente você já viu fotos de alguém em cima de uma pedra pontiaguda no morro de Guaratiba. Dá a impressão de que aquele mirante com vista espetacular fica debruçado sobre um penhasco fatal. É só questão de ângulo, porque um metro abaixo tem terra firme. A graça é justamente essa. O caminho para chegar lá é uma trilha moderada de quase uma hora. Mas vá cedo, porque a pedra ficou famosa e a fila para fotografar nela pode levar duas horas.

Piscinão de Ramos

Acredite: é uma das águas mais limpas do Rio. Até porque é tratada. O Piscinão é uma praia artificial que impressiona: são quatrocentos metros de comprimento por setenta de largura, com 30 milhões de litros de água salgada. Só não tem onda. Mas fuja dos finais de semana de verão, quando fica lotado. Lugar obrigatório e original para fazer parte de seu álbum de fotografia. Até porque cada mergulho é um flash (lembrou?).

Onde/Quando/Com quem

Onde/Quando/Com quem

Copacabana Palace

Se você nunca entrou nele, não se sinta intimidado diante de um dos prédios mais chiques do Rio. Para conhecer o hotel não é preciso ser convidado para uma festa de gala ou gastar uma pequena fortuna jantando no Cipriani. Tomar um café no Pérgula, o bar que fica à beira da célebre piscina, já é um programão e rende ótimas fotos.

Real Gabinete Português de Leitura

Você vai se sentir num filme de época (e de fato ele serviu de locação para *O Xangô de Baker Street*, *Os maias*, *Primo Basílio*...). Inaugurado nos tempos do Império, foi eleito uma das bibliotecas mais bonitas do mundo. Guarda 350 mil volumes de autores portugueses, em paredes altíssimas, cobertas de livros do teto ao chão. Da arquitetura às luminárias, passando pela primeira edição de *Os Lusíadas* (de 1572), tudo é impressionante.

Onde/Quando/Com quem

____

____

____

Instituto Moreira Salles

A casa, onde morou Walther Moreira Salles, é um espetáculo à parte. Ótimo lugar para passar um dia inteiro tranquilo, porque não costuma encher. Sempre tem ótimas exposições, um cinema com bons filmes alternativos e um bistrô que serve almoço. Disputadíssimo é o café da manhã aos sábados e domingos, só até uma da tarde. O truque é ir durante a semana. Quase todos os itens do café estão no cardápio. Você escolhe e monta.

Ilha Fiscal

Quem passa de barca ou chega ao Santos Dumont vê a histórica ilha bem de perto, mas pouca gente já entrou naquele castelo neogótico. Construído por escravos no século XIX, ele é todo feito de blocos de pedra gnaisse, que foram retirados da região onde hoje existe o Rio Sul. O acesso é pelo Museu Naval, na praça Quinze, de onde parte um micro-ônibus (às quintas e sextas) e, muito mais legal, uma escuna (nos fins de semana).

O que foi bebido no último baile do Império, em 9 de novembro de 1889, na ilha Fiscal: 10 mil litros de cerveja | 188 caixas de vinhos diversos | 80 caixas de champanhe | 10 caixas de vermute francês e italiano | 16 caixas de licores e conhaques | 100 caixas de água mineral

Pedra Bonita

Uma das vistas panorâmicas mais incríveis do Rio, só que exige disposição para chegar no topo, já que o único acesso é pelas trilhas. Mas a caminhada recompensa: dá para ver a Zona Oeste, boa parte da Zona Sul, a floresta da Tijuca e a vizinha pedra da Gávea. Agora, se você quer perder o fôlego mesmo, então aproveita o embalo e pula de asa-delta ou parapente. As fotos vão arrebentar!

Capela de Nossa Senhora da Cabeça

Uma das igrejas mais antigas do Rio é desconhecida até dos vizinhos dela. A capela erguida em 1603 está praticamente esquecida no fim da rua Faro. Na verdade, para chegar nela tem que atravessar o portão da Casa Maternal Mello Mattos e subir um caminho de mais ou menos trezentos metros. A igrejinha não faz missa e só abre de segunda a sexta (ainda assim, para não pegá-la trancada é bom marcar horário). Fica na encosta do Jardim Botânico, de onde se vê a Lagoa e macaquinhos pulando de galho em galho.

Onde/Quando/Com quem

Para não dar de cara na porta

CARIOCA QUE É CARIOCA não leva tão ao pé da letra hora e dia ao combinar um compromisso. "Passa lá em casa amanhã à noite" é o mesmo que "a gente se esbarra por aí". Mas alguns lugares e serviços têm horários de funcionamento atípicos e, entre o certo e o duvidoso, é bom saber que...

...a **Pizzaria Guanabara** do Leblon tem fama de ser 24 horas, mas não é. Às 7h30 ela fecha para jogar água no chão e dar uma organizada na boemia da madrugada anterior. Reabre às dez.

...o **Cervantes** de Copacabana também não funciona direto, como algumas décadas atrás. Agora, vai até as quatro da manhã nos dias de semana e até umas seis nos fins de semana. O café da manhã no balcão da Barata Ribeiro não é mais possível: a casa só reabre ao meio-dia.

...o **Centro Cultural Banco do Brasil** não funciona às terças-feiras. Mas abre às segundas. E também de quarta a domingo, sempre das nove às 21h.

...o **catamarã** que faz a travessia da praça Quinze até a estação de Charitas, em Niterói (onde tem o restaurante Olimpo, com visual de quase 360 graus na beira da baía de Guanabara), é uma bela opção turística, mas não funciona nos fins de semana e feriados. Vai entender...

...a **banca Piauí**, no Leblon, fecha à meia-noite. Já foi o tempo em que ficava aberta durante a madrugada.

...um dos mais antigos restaurantes da cidade, o **Rio Minho** fecha as portas todo mês de fevereiro. Para fugir da confusão do Carnaval, o dono Ramón Dominguez dá férias coletivas aos funcionários e sai para descansar.

...a **estação Cidade Nova** é a única do Metrô que não funciona nos fins de semana e feriados.

...os **taxistas do Rio** podem usar bandeira dois em qualquer dia e horário se estiverem em áreas com ladeiras íngremes. Fora isso, bandeira dois só vale de segunda a sábado das 21h às seis, domingo o dia todo e dezembro o mês inteiro. Olho no taxímetro!

Theatro Municipal | **32 degraus.** Toda trabalhada em dois tipos de ônix, bronzes dourados e cristais, a escadaria principal é revestida por tapete vermelho e emoldurada por balaustres. Depois do primeiro lance, ela se divide em duas, uma para cada lado, que levam ao foyer. É ali o acesso para o balcão nobre e os camarotes. Para subir até os dois últimos pavimentos, onde ficam o balcão simples e a galeria, existem escadas laterais. Já quem vai para a plateia, no térreo, pode até pagar os ingressos mais caros, mas perde a chance de desfilar na escadaria mais glamourosa da cidade.

Casa das Artes de Laranjeiras (CAL) | **122 degraus.** Quem já foi ao casarão histórico de Laranjeiras rezou para o elevador (na verdade, um plano inclinado) não estar quebrado, como volta e meia acontece. Chegando lá no alto, restam outros 43 degraus até a recepção. Mas nem tudo que sobe desce. O plano inclinado só presta serviço para cima. Na descida, tem que encarar a escadaria, em meio a jaqueiras, pitangueiras e micos correndo pra lá e pra cá.

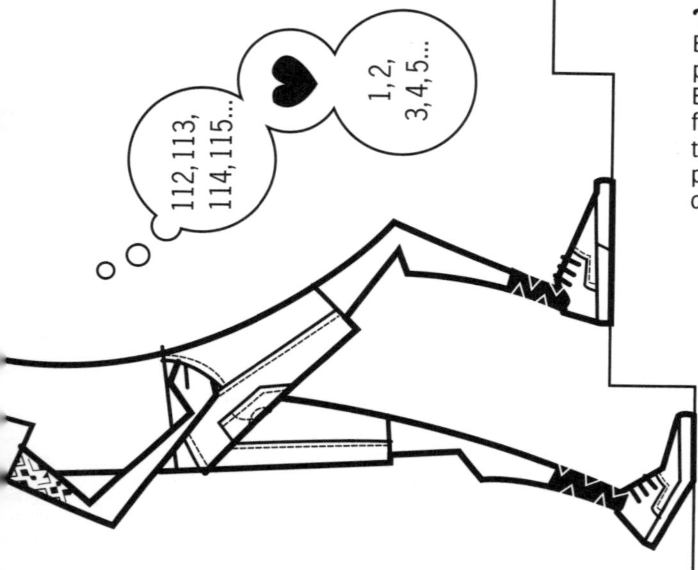

Praça Pio XI | **62 degraus.** Fica num canto bucólico do Jardim Botânico e é toda ornamentada por pedras coloridas e azulejos pintados pelas crianças do bairro. A escada liga a rua Benjamim Batista à charmosa praça Pio XI, onde acontecem atividades infantis bem legais organizadas pelas Amigas da Pracinha, como troca de livros, festa junina e bloquinho de Carnaval. É também na praça que a turma do bloco Último Gole promove rodas secretas de samba e de choro. Só fica sabendo quem mora nas redondezas.

Botafogo Praia Shopping | **18 escadas rolantes.** Acha que é moleza? O popular Botafogo Escada Shopping, inaugurado em 1999 e onde por mais de quarenta anos reinou a Sears, tem nove andares, incluindo o subsolo. Nós cronometramos o tempo para chegar da entrada principal do shopping até o cinema, no oitavo andar: pouco mais de seis minutos. A conta é simples: são dois minutos e 32 segundos parado em sete lances de escadas rolantes (não conta a do subsolo) e quase quatro minutos caminhando entre as escadas. De elevador, já incluindo uma espera na fila, dá uns cinco minutos.

Escadarias

***Escadaria Selarón* | 215 degraus.** Por conta própria, o chileno Jorge Selarón começou a azulejar a escadaria que leva ao convento de Santa Teresa logo depois da Copa de 1994, cobrindo os degraus que os moradores haviam pintado de verde e amarelo. Vizinho do monumento que virou cartão-postal espontâneo, ele foi morto em 2013, e seu corpo foi achado carbonizado na própria escadaria.

***Igreja da Penha* | 382 degraus.** Muita gente acha que são 365 degraus, um para cada dia do ano. Puro folclore. Mas o que é verdade são as promessas que os fiéis pagam, subindo de joelhos. Aliás, foi por conta de uma promessa de dona Maria Barbosa, devota de Nossa Senhora da Penha, que a igreja construída em 1635 ficou mais acessível. Em 1817, ela jurou que, se conseguisse engravidar, mandaria esculpir na pedra uma escadaria. Dois anos depois, já com seu filho nascido, a escada ficou pronta.

***Restaurante Aprazível* | 44 degraus.** O lugar é um charme, a comida é divina e o visual, deslumbrante. Mas subir e descer a íngreme escada do Aprazível (de degraus altos e curtíssimos) não é tarefa para qualquer senhorzinho. Ou melhor, não era. Desde 2013, um elevador panorâmico deixou o restaurante de Santa Teresa muito mais... aprazível. Ufa!

***Cristo Redentor* | 220 degraus.** Depois de encarar uma fila para comprar o ingresso e os vinte minutos do trenzinho, você chega lá no alto do morro do Corcovado. É aí que vem a escada. Mas para ir até a plataforma onde está fincada a estátua de 38 metros (incluindo o pedestal) não é preciso subir todos os 220 degraus. Escadas rolantes e elevadores, construídos em 2003, tornaram bem mais fácil tirar aquela foto clássica de braços abertos.

***Pedra do Sal* | 42 degraus.** A escada esculpida na pedra liga os dois trechos da rua Argemiro Bulcão, o do asfalto e o que fica na subida do morro da Conceição. Na base, tem uma bifurcação, com o mesmo número de degraus para os dois lados. A escada foi talhada pelos escravos no século XIX e ali foram fundados os primeiros ranchos carnavalescos, afoxés e outras manifestações da cultura negra, que aconteciam nas casas das tias baianas. Acabou virando ponto de encontro de pioneiros do samba, como Donga, Pixinguinha e João da Baiana, que por sinal dá nome ao largo onde fica a escada.

ontem subi o
morro do Vidigal.
que vista maravilhosa!
que pôr do sol
deslumbrante!
conhece?
moro lá.
sortuda.

Morro acima

Arvrão

Uma das árvores mais famosas da cidade fica no topo do Vidigal. De tão grande, pode ser vista do asfalto e acabou batizando aquele pedaço, uma mistura de praça e mirante. O acesso é por um caminho sinuoso, com muitos degraus (tem corrimão para ajudar). O albergue-boutique Mirante do Arvrão não hospeda mais ninguém, mas ainda promove concorridíssimos eventos e festas a céu aberto, abastecidos por um mini-Belmonte que funciona ali dentro. Dos dois deques, você vê a imensidão do mar, toda a orla de Ipanema-Leblon e parte da Lagoa, além do vizinho Dois Irmãos.

Como subir: kombis ou mototáxis que fazem ponto na base do morro

Laje do Michael Jackson

Foi o lugar do morro Dona Marta onde o cantor gravou o clipe de "They Don't Care About Us", em 1996, com direção de Spike Lee e autorização de Marcinho VP, o traficante que mandava na área. Depois de pacificado, o morro transformou a laje em ponto turístico. Tem a famosa estátua de Michael, um mosaico de Romero Britto e, uma vez por mês, a roda de samba Pôr do Santa.

Como subir: pegue o plano inclinado e salte na estação 4

Centro Cultural Calça Larga

Não, não é um museu de calças XG. Quem é do samba já ouviu falar de Joaquim Casemiro, o Calça Larga, um dos ilustres fundadores do Salgueiro. O centro cultural foi montado na casa onde o sambista e sua família sempre viveram, no alto do morro, e tem como principal atividade uma roda de samba que resgata a história da escola (não espere ouvir sambalanço nem pagode moderno). Acontece sempre no primeiro domingo do mês, regada a cerveja gelada e petiscos.

Como subir: kombis ou mototáxis

Mirante da Paz

Foi construído para facilitar a vida de quem mora no Cantagalo, mas virou um passeio rápido e bacana para todos os mortais. No fim da rua Teixeira de Melo, é só pegar o elevador para chegar lá em cima, o equivalente a um prédio de 21 andares. Você vai ter uma visão de 360 graus da praia de Ipanema, ilhas Cagarras, Corcovado, Lagoa, Jardim Botânico, morro Dois Irmãos, Leblon e pedacinhos do Arpoador e de Copacabana, além da própria favela. E pode ir em dia de chuva, porque o mirante é coberto.

Como subir: de elevador (que é grátis)

The Maze Jazz Club

O hostel no topo da favela Tavares Bastos, no Catete, tem uma arquitetura inusitada, cheia de labirintos (daí o nome) e com um quê de Gaudí. Só isso já vale a visita, mas é no terraço que acontece uma das melhores noites de jazz da cidade, sempre na primeira sexta-feira do mês. E o melhor: com vista privilegiada da baía de Guanabara e do Pão de Açúcar. Para quem prefere um som mais dançante, com DJ e banda ao vivo, tem a festa mensal Labirinto.

Como subir: vans ou mototáxis no início da rua Tavares Bastos

E três sugestões de ótima comida (ainda) sem os preços colossais de bares e restaurantes do asfalto

Bar do David

O mais premiado dos morros cariocas. Fica no Chapéu Mangueira, no Leme, e é uma boa pedida para o pós-praia. Duas delícias do cardápio são de frutos do mar: a feijoada, para dois, e o croquete, feito com massa de feijão-branco e recheado com lula, camarão, polvo e peixe. Tem várias opções de cerveja de garrafa e caipirinhas exóticas, como a de Ovomaltine (é quase uma batida).

Como subir: de carro

Bar do Alto

Fica no morro vizinho, o Babilônia, numa laje debruçada sobre o Leme. Como o nome entrega, é bem no alto e oferece um fim de tarde imperdível. Caia dentro da moqueca de peixe com farofinha de dendê ou do risoto de bobó de camarão. Mas a vedete do bar é o harumaki de feijoada.

Como subir: de mototáxi ou por uma escadaria braba, que exige disposição

Bar do Omar

Está fora do eixo da Zona Sul. Fica no morro do Pinto, com acesso fácil por trás da rodoviária. A vista aqui é da Zona Portuária e da baía de Guanabara. Era uma birosca que se expandiu para uma laje anexa graças aos gostosos petiscos e à cerveja sempre nevada. Mas o que tornou o simpático Omar quase uma celebridade foi seu hambúrguer caseiro feito na chapa, com muçarela derretida e cebola refogada no shoyu. Bom demais!

Como subir: de carro

Palmas para o sol

APLAUDIR O PÔR DO SOL da pedra do Arpoador já virou um ritual. Mas fique atento ao calendário, porque entre abril e outubro o sol não cai no mar, e sim atrás do morro Dois Irmãos. O que também não deixa de ser um espetáculo digno de aplausos. Porém, se você curte um fim de tarde sem muvuca, o que não falta são recantos menos concorridos para contemplar um pôr do sol legitimamente carioca, daqueles em que a bola laranja mergulha na água até desaparecer. Igual a Redoxon.

Prefere ver o sol nascer? Então é só passar para o outro lado da pedra do Arpoador, apontando para Copacabana. A essa hora fica o maior sossego.

Pedra do Pontal | Com a maré baixa, um caminho de areia se forma entre a praia e a pedra. Basta subir e dar tchau de camarote.

Praia da Barra | Durante o verão, é só escolher um trecho para ver o sol sumir no horizonte. Mas o astral no quebra-mar é maior.

Marambaia Café | O pôr do sol mais requintado. Você vai bater palmas enquanto bebe um espumante ou um drinque no charmoso lounge com vista para a restinga de Marambaia.

Restaurante do Bira | É para quem prefere um pôr do sol gastronômico, também com o visual da restinga. Mas chegue cedo para garantir uma mesa na varanda.

Ilhas Cagarras | Quer um ângulo diferente? Pegue um barco. O passeio já é uma delícia.

Pedra da Gávea, Pedra Bonita e Dois Irmãos | Altas vistas. E dá para aproveitar um pôr do sol com alguns minutos a mais em relação a quem está no nível do mar. Porém, nos três casos é preciso encarar uma trilha.

Paquetá | Tem vários lugares bacanas para curtir os fins de tarde ensolarados, mas gostoso mesmo é sentar na beirinha da ponte da Saudade.

Motel Vip's | Peça a suíte Paraíso ou Brisa, com vista para o mar e a pedra da Gávea. E não se distraia, você está ali para ver o pôr do sol!

Parque da Cidade (o de Niterói) | Para apreciar o sol caindo bem no umbigo da cidade é preciso atravessar a Ponte. Ele se despede cercado por um recorde de cartões-postais: Corcovado, Pão de Açúcar, pedra da Gávea, baía de Guanabara... Não é piada, é fato: a melhor vista do Rio é mesmo a de Niterói.

Entenda o carioquês

Coé | O mesmo que "qual é": "Ainda não sei coé a sua" ou "Coé, cara, beleza?"

Bolado | Não entender alguma coisa ou estar preocupado. Muito usado no aumentativo: "Fiquei boladão"

Deu ruim | Alguma coisa que deu errado

Maneiro | Muito bom, bacana, show de bola

Irado | Extremamente maneiro!

Caído | O contrário de maneiro ou irado. Se a "praia ontem estava caída", podia tanto estar vazia quanto cheia demais

Night | Festa, noitada. Nunca balada!

Parada | Praticamente o mesmo que "coisa". "Preciso fazer uma parada", "Essa parada tá complicada", "Parada sinistra!"... Na dúvida, o carioca usa "parada"

Sinistro | Pode ser tanto um elogio ("Esse cara é sinistro!") quanto significar tensão, perigo ("A onda estava sinistra!"). Pronuncia-se sinixxxxxtro

Vacilar | Marcar bobeira, dar mole. E quem vacila é vacilão

Cara | É a vírgula dos cariocas. E cara não tem gênero: vale para homem ou mulher

Mermão | Meu irmão, mas não o parente. É o mesmo que cara

Maluco | Cara, mas não mermão: "O maluco bebeu todas!"

Partiu | Pode ser "vamos nessa", mas também "combinado" ou "fechado". Não necessariamente é para partir naquele momento: "Vai à Prainha amanhã?" "Partiu!"

Formô | Já é, demorô. Ou seja, "combinado"

Na mão do palhaço | Se bebeu/fumou/cheirou demais e perdeu as estribeiras, "ficou na mão do palhaço"

Perder a linha | Dar vexame, fazer besteira, exagerar. Cabe em mais situações do que "na mão do palhaço"

0800 | Qualquer coisa grátis. "A festa é 0800"

Conto | Unidade monetária que nunca vai para o plural ("O sanduba era carão. Morri em trinta conto")

Pela-saco | Sujeito pegajoso, indesejável ou sem personalidade

Mané | Otário

Arroz | Sujeito que só acompanha. Está sempre cercado de mulheres, mas não pega ninguém. É o próprio pega-nínguem (assim mesmo, com a ênfase no "í")

Beleza | Pode ser saudação ("E aí, beleza?") ou afirmação ("Tá beleza!")

Tranquilo | Exatamente o mesmo que beleza, nos dois sentidos. Mostra riqueza de vocabulário

Dar uma moral | Usado para pedir ajuda ou uma ligeira vantagem ("Pô, me dá uma moral aê!")

Foda | Depende da entonação e da expressão do maluco. "Esse show tá foda!!!" é um showzaço. "Esse show tá foda..." é porque está caído.

Nego | O coletivo de cara: "Nego lotou o bar ontem" significa que "os caras lotaram o bar ontem"

Vagabundo | O mesmo que nego, mas usado em tom de crítica: "Vagabundo só fala besteira!"

Podiscrê | Pode acreditar

Vazar | Ir embora ("Tá tardão, tô vazando")

Meter o pé | Vazar ("Tá tardão, vou meter o pé")

Mó | O/A maior ("Essa garota é mó roubada")

Mermo | O mesmo que mesmo

Porra | Usado quando algo impressiona ("Poooorra!...) ou como reclamação ("Porra!!!"). Mas também pode ser o mesmo que parada ("Me vê uma porra dessas aí")

Caraca | O mesmo que porra, mas quase sempre usado no sentido positivo

Seteum | Trambiqueiro

Pica | Quem é muito bom ou habilidoso ("Esse cara é pica!"). Mas cabe também para coisas e lugares ("O carro do maluco é pica!")

Picão | Mais pica que o pica. Não confunda com tamanho ou medidas

Pica das galáxias | O mais picão de todos

Sangue | Sujeito boa gente, sangue bom (nada a ver com tipo sanguíneo)

Caô | Mentira ou papo furado. Significa também mentiroso ("Esse cara é o maior caô")

Chorinho | Bem diferente do gênero musical. Você dá um golão e pede um extra no mate, no caldo de cana, na cerveja... ("Bota um chorinho aê")

Bagulho | Substância ilícita ou mulher feia ("Você pegou aquele bagulho???"). Ou mais um sinônimo de parada ("Esse bagulho tá muito caro")

Bora | Redução de vambora, que por sinal é redução de vamos embora: "Bora lá?" "Bora!"

coé? tu tá bolada porque o bagulho é sinistrão mermo. é só não vacilar. formô?
não entendi nada...
ele disse que

Estátuas interativas

JÁ TIROU UMA SELFIE COM TOM JOBIM? Sentou-se ao lado de Drummond? E segurou no bacalhau do Chacrinha? As estátuas interativas, que tomaram conta de ruas e praças do Rio, não ficam em pedestais. Uma caminhada do Leme ao Leblon já é suficiente para esbarrar em seis personalidades. Mas, se você quer ver de perto todas elas, é só traçar o seu roteiro.

Ary Barroso
(em frente ao restaurante La Fiorentina)

Ibrahim Sued
(em frente ao Copacabana Palace)

Carlos Drummond de Andrade
(calçadão de Copacabana, em frente à rua Rainha Elisabeth)
A mais requisitada para fotos. Teve os óculos roubados mais de uma dezena de vezes, mas não foi a única vítima: Renato Russo e Michael Jackson também já perderam os seus.

Dorival Caymmi
(calçadão do Posto 6)

Tom Jobim
(calçadão de Ipanema,
em frente à rua Vinícius de Moraes)
Sacou a parceria?

Zózimo Barroso do Amaral
(fim da praia do Leblon)

Corneteiro Luís Lopes
(esquina das ruas Visconde de Pirajá e Garcia D'Ávila) Retrata o atrapalhado corneteiro da Batalha do Pirajá, em 1822, na Bahia, que em vez de tocar "a retirada" das tropas brasileiras, como foi ordenado, deu o toque de "avançar cavalaria". Resultado: os portugueses se assustaram e fugiram, o que foi decisivo para a independência do estado.

Aviador Carlo Del Prete
(esquina das ruas das Laranjeiras com Pinheiro Machado)

Michael Jackson
(morro Dona Marta)

Estudante de arte
(Parque Lage) A única estátua interativa anônima que está sozinha. Fica sentada num banco de madeira, em frente ao palacete do parque.

Otto Lara Rezende
(esquina das ruas Jardim Botânico e Pacheco Leão)

Chacrinha
(rua General Garzon) Está a cem metros do extinto Teatro Fênix, onde o Velho Guerreiro apresentava seu programa na Globo.

Manuel Bandeira e Joaquim Nabuco
(em frente à Academia Brasileira de Letras, no Centro)

Irmão Mattathias dos Santos, pastores Pierre Richier e Guillaume Chartier, João Calvino e família de imigrantes
(em frente à catedral Presbiteriana, no Centro)

Ismael Silva
(praça Ismael Silva, no Estácio)

Tim Maia
(praça Afonso Pena, na Tijuca)

Noel Rosa
(início do boulevard Vinte e Oito de Setembro, em Vila Isabel) Foi a pioneira das estátuas interativas. Você pode tirar onda sentado ao lado de Noel e com o garçom de "Conversa de botequim" servindo a vocês dois.

Luiz Gonzaga
(Feira de São Cristóvão)

Renato Russo
(estrada do Galeão, na Ilha do Governador)

Adelino Moreira
(calçadão de Campo Grande)

É coisa nossa

UMA LIVRARIA: **Folha Seca**
Bairros do Rio, botequins, futebol, biografias, poesia, história, música, fotografia, guias... Livros sobre absolutamente qualquer tema carioca são destaque na pequena loja de Rodrigo Ferrari, ponto de encontro de escritores, pesquisadores, jornalistas, cartunistas e músicos. E ainda tem a Edições Folha Seca, que engrossa a bibliografia da cidade. Não poderia ficar em lugar mais apropriado: rua do Ouvidor, 37, onde acontece o Samba do Ouvidor (que, por sinal, nasceu de uma iniciativa informal da livraria).

UMA CERVEJA: **Jeffrey**
O nome é gringo e o símbolo, um pato engravatado. Mas a Jeffrey Niña, temperada com limão-siciliano e coentro, tem o DNA carioca dos quatro jovens que a lançaram. Em qualquer evento descolado, bar da moda ou feira de food truck você encontra a cerveja do patinho. O mais bacana é a loja-conceito, no Leblon, uma mistura de botequim chique com galeria de arte. Não vende nada para comer, só a cerveja. Os próprios donos preparam uma pipoca e botam na roda, porque a ideia ali é juntar os amigos.

UM SORVETE: **Mil Frutas**

A primeira loja, uma portinha na rua J. J. Seabra, existe até hoje. A identificação com o carioca é tão grande que ela sempre lança coleções especiais, como a Rio 40 Graus, com sabores como mate com limão e laranja com cenoura. Os clássicos banana caramelada, açaí (muito antes da moda) e mel com nozes estão no cardápio desde o lançamento, em 1988. Já os cinco mais vendidos são goiabada com queijo, brigadeiro, manga, limão-siciliano com lascas de laranja e nozes com ovos moles.

UM QUIOSQUE: **Palaphita Kitch**

A orla do Rio tem vários quiosques bacanas, mas o mais transado não está diante do mar. O Palaphita, na Lagoa, na altura do Corte do Cantagalo, é um bar rústico a céu aberto, criado pelo figuraça Mário Maluco. Os preços de caipirinhas e tira-gostos são salgados, mas o astral no fim de tarde anestesia a conta que vai chegar depois. O lugar é puro romantismo, além de ótimo para fazer cair o queixo de quem não conhece o Rio. E se você nunca se sentou naqueles sofás altos, cobertos de palha, precisa voltar lá.

UMA LOCADORA: **Cavídeo**

Locadora está fora de moda, mas a Cavídeo vai além de alugar filmes. Ganhou respeito como o melhor reduto carioca para se encontrar produções raras e de arte, quando o YouTube nem sonhava existir. A loja da Cobal do Humaitá virou ponto de encontro obrigatório de cinéfilos. Cavi Borges, o dono desbravador, resolveu então criar uma produtora, que vem lançando longas de baixo orçamento. Mas a essência da Cavídeo foi preservada: aquele filme alternativo do Egito está lá na prateleira.

Melhor de 3

RODA DE CHORO

- [ ] Praça General Glicério
- [ ] Praça São Salvador
- [ ] Bip Bip

FEIRA ANTIGA

- [ ] Lavradio
- [ ] Praça Quinze
- [ ] Praça Santos Dumont

FEIRA MODERNA

- [ ] O Cluster
- [ ] Babilônia Feira Hype
- [ ] O Mercado — Estilistas Independentes

ILHA

- [ ] Gigoia
- [ ] Cagarras
- [ ] Paquetá

SEMPRE TEM ÓTIMAS EXPOSIÇÕES

- [ ] MAR
- [ ] CCBB
- [ ] MAM

LUGAR PARA FAZER PIQUENIQUE

- [ ] Parque Lage
- [ ] Parque da Cidade
- [ ] Bosque da Barra

BAIXO

- [ ] Gávea
- [ ] Leblon
- [ ] Botafogo

GRIFE

- [ ] Farm
- [ ] Reserva
- [ ] Cantão

PRAÇA HISTÓRICA

- [ ] Praça Mauá
- [ ] Praça Tiradentes
- [ ] Praça Quinze

BAILE DE CARNAVAL

- [ ] Baile do Sarongue
- [ ] Baile de Máscaras do Rio Scenarium
- [ ] Baile do Sapuca

LUGAR DESCOLADO

- [ ] Fábrica da Bhering
- [ ] Comuna
- [ ] Olho da Rua

BICHO SOLTO

- [ ] Capivaras da Lagoa
- [ ] Cotias do Campo de Santana
- [ ] Jacarés do Recreio

CAFÉ DA MANHÃ

- [ ] Confeitaria Colombo do Forte de Copacabana
- [ ] Maya Café
- [ ] Gourmet Tropical

FOOD TRUCK

- [ ] Larica Gourmet
- [ ] Delfina
- [ ] Brauni

PRAIA DE IPANEMA

- [ ] Coqueirão
- [ ] Posto 9
- [ ] Farme

Pior de 3

- [ ] Estátua da Liberdade do New York City Center
- [ ] Obelisco de Ipanema
- [ ] Perimetral

Pelo menos essa já era!

Bloco bom tem

Escorrega na Baba do Quiabo
Onde: Buraco do Lume
Quando: Sexta anterior ao Carnaval

Tá Ruim, Mas Tá Bom
Onde: Rocinha
Quando: Segunda de Carnaval

Meia Dúzia de Gatos Pingados
Onde: Bangu
Quando: Sexta anterior ao Carnaval

Que Merda É Essa?
Onde: Ipanema
Quando: Domingo de Carnaval

Se Me Der, Eu Como
Onde: Tijuca
Quando: Terça de Carnaval

nome divertido

Virilha de Minhoca
Onde: Bangu
Quando: Sábado, domingo, segunda e terça de Carnaval

Vai Tomar no Grajaú
Onde: Grajaú
Quando: Domingo anterior ao Carnaval

Eu Choro Curto, Mas Rio Comprido
Onde: Rio Comprido
Quando: Domingo anterior ao Carnaval

Meu Face No Seu Book
Onde: Grajaú
Quando: Terça de Carnaval

Quem Vai Vai, Quem Não Vai Não Cagueta

Onde: Jardim Guanabara

Quando: Domingos antes e depois do Carnaval

Largo do Machado, Mas Não Largo do Copo

Onde: Largo do Machado

Quando: Terça de Carnaval

Vem Ni Mim que Sou Facinha

Onde: Praia de Ipanema

Quando: Sexta anterior ao Carnaval

Chupa, Mas Não Baba

Onde: Laranjeiras

Quando: Sábado anterior ao Carnaval

Balança Meu Catete

Onde: Catete

Quando: Segunda de Carnaval

Divertidos e consagrados

Imprensa que Eu Gamo
Onde: Laranjeiras | **Quando:** Dois sábados antes do Carnaval

Me Beija que Eu Sou Cineasta
Onde: Gávea | **Quando:** Quarta--feira de Cinzas

Simpatia É Quase Amor
Onde: Ipanema | **Quando:** Domingo de Carnaval

Desliga da Justiça
Onde: Gávea | **Quando:** Dois sábados antes do Carnaval

Suvaco do Cristo
Onde: Jardim Botânico | **Quando:** Domingo anterior ao Carnaval

Os desfiles na Era Sambódromo

As **quinze personalidades** que Carlinhos de Jesus "ressuscitou" na lendária comissão de frente da Mangueira de 1999 foram Candeia, Pixinguinha, Cartola, Clementina de Jesus, Noel Rosa, Carmen Miranda, Natal, Sinhô, Donga, João da Baiana, Clara Nunes, Nelson Cavaquinho, Ismael Silva, Tia Ciata e Mestre Fuleiro.

Ninguém lembra o **enredo da Tradição em 1998**, mas a coleira usada por Luma de Oliveira, com o primeiro nome do marido, Eike Batista, entrou para a história. O casamento acabou seis anos depois.

A **Vila Isabel** levou 41 anos para ser campeã do Grupo Especial. E quando faturou o título, em 1988, não pôde repetir a dose no sábado seguinte. Por causa das chuvas que castigaram o Rio, aquele foi o único ano em que não houve desfile das campeãs.

Empate triplo no quesito **nudez mais polêmica**: a genitália desnuda de Enoli Lara em 1989, os seios de fora de Dercy Gonçalves aos 83 anos em 1991 e o flagra de Lilian Ramos sem calcinha ao lado do presidente Itamar Franco em 1994.

Os mendigos e o **Cristo censurado de Joãosinho Trinta**, em 1989, renderam à Beija-Flor o vice-campeonato mais comentado e injusto da Era Sambódromo. Mas vamos combinar que o samba da escola naquele ano passou em branco. Todo mundo canta até hoje "Liberdade! Liberdade! Abra as asas sobre nós", da campeã, a Imperatriz, e "Festa profana", da terceira colocada, a União da Ilha ("Eu vou tomar um porre de felicidade/Vou sacudir, eu vou zoar pela cidade").

O **carro do DNA** que Paulo Barros criou em 2004, o pioneiro de alegorias vivas, tinha 127 componentes.

Em 2001, o dublê americano Eric Scott recebeu 12 mil dólares adiantados para **voar duas vezes sobre a Sapucaí**, usando aquela mochila turbinada da Nasa. Mas a Grande Rio terminou em sexto, o que na época não dava lugar no desfile das campeãs. Resultado: ele botou o foguete nas costas e voou no Centro de Duque de Caxias, onde fica a sede da escola, para delírio do povão.

Águias da Portela que fizeram história: com filhotinhos no enredo sobre casamento (1993); com uma mulher pendurada no bico (2002); sem asas porque não conseguiram encaixá-las a tempo (2005); e em tamanho gigante, que se abaixava para não bater na torre de TV (2015).

Monique Evans foi a **primeira rainha de bateria** da história. Veio à frente da Mocidade Independente, em 1984.

A **Mangueira foi campeã três vezes** ao homenagear personalidades da música na Sapucaí: Braguinha (1984), Dorival Caymmi (1986) e Chico Buarque (1998). Mas quando resolveu juntar quatro medalhões da MPB de uma só vez, a coisa desandou: em 1994, o desfile sobre os Doces Bárbaros (Gilberto Gil, Caetano Veloso, Maria Bethânia e Gal Costa) amargou um 11º lugar, uma de suas piores colocações na história.

O fortão **Arnold Schwarzenegger**, quem diria, foi barrado no Camarote da Brahma em 2001 porque se recusou a usar a camiseta da cervejaria no segundo dia de desfiles.

	Quem venceu	Quem deveria ter vencido	Quem eu queria que tivesse vencido
1984	Mangueira e Portela	Mangueira	
1985	Mocidade	Mocidade	
1986	Mangueira	Beija-Flor	
1987	Mangueira	Mocidade	
1988	Vila Isabel	Vila Isabel	
1989	Imperatriz	Beija-Flor	
1990	Mocidade	Mocidade	
1991	Mocidade	Mocidade	
1992	Estácio de Sá	Mocidade	
1993	Salgueiro	Salgueiro	
1994	Imperatriz	Salgueiro	
1995	Imperatriz	Portela	
1996	Mocidade	Imperatriz	
1997	Viradouro	Mocidade	
1998	Mangueira e Beija-Flor	Viradouro	
1999	Imperatriz	Mangueira ou Mocidade	
2000	Imperatriz	Imperatriz	
2001	Imperatriz	Beija-Flor	
2002	Mangueira	Mangueira	
2003	Beija-Flor	Mangueira	
2004	Beija-Flor	Unidos da Tijuca	
2005	Beija-Flor	Unidos da Tijuca	
2006	Vila Isabel	Vila Isabel	
2007	Beija-Flor	Beija-Flor	
2008	Beija-Flor	ninguém merecia ganhar	
2009	Salgueiro	Salgueiro	
2010	Unidos da Tijuca	Unidos da Tijuca	
2011	Beija-Flor	Unidos da Tijuca	
2012	Unidos da Tijuca	Vila Isabel	
2013	Vila Isabel	Vila Isabel	
2014	Unidos da Tijuca	Salgueiro	
2015	Beija-Flor	Portela	
2016			
2017			
2018			

Números da Sapucaí

679 metros de extensão
72 518 lugares é a capacidade atual de público
120 dias foi o tempo levado na construção entre 1983 e 1984
13 setores de arquibancadas
1800 garis trabalham nos dias de desfiles
82 minutos é o tempo máximo para cada escola desfilar

Vai se acostumando. Elas um dia podem chegar ao Grupo Especial

Arame de Ricardo (Ricardo de Albuquerque)
Boca de Siri (Ramos)
Unidos das Vargens (Vargem Grande)
Flor da Mina do Andaraí
Império da Uva (Nova Iguaçu)
Mocidade Unida da Cidade de Deus
Rosa de Ouro (Oswaldo Cruz)

A de São Paulo é a **Rosas de Ouro**, no plural

Sereno de Campo Grande
Gato de Bonsucesso (Nova Holanda)
Boi da Ilha do Governador
Acadêmicos do Sossego (Niterói)
Alegria do Vilar (Vilar dos Telles)
Delírio da Zona Oeste (Campo Grande)
Corações Unidos do Favo de Acari

Tamarineira do Cacique de Ramos

UM DOS MAIS TRADICIONAIS blocos de Carnaval do Rio, o Cacique de Ramos foi criado em 20 de janeiro de 1961, Dia de São Sebastião, debaixo de uma tamarineira que até hoje está lá na rua Uranos, 1326. Três famílias são as fundadoras do Cacique: Oliveira, Espírito Santo e Félix do Nascimento, de Bira Presidente, batizado com esse sobrenome por presidir o bloco desde a sua existência.

A partir dos anos 70 as rodas de samba de Ramos começaram a render frutos. O primeiro deles foi o Fundo de Quintal, que na sua formação inicial tinha Almir Guineto, Jorge Aragão, Sombrinha, Neoci Dias, Sereno, Ubirany e o próprio Bira Presidente. O grupo logo ganhou as bênçãos da madrinha Beth Carvalho. Em 1981, Arlindo Cruz entrou no conjunto. Logo depois, Zeca Pagodinho passou a bater ponto no Cacique. E o resto se confunde com a história do samba.

Três curiosidades:

A rixa com o **Bafo da Onça** era tanta que o Cacique já atrasou seu desfile em quatro horas só para o rival entrar ainda mais tarde na avenida Rio Branco.

Glória Maria, antes de ser jornalista, foi a primeira princesa do bloco.

O banjo, o tantã e o repique de mão foram incorporados ao samba pelo **Fundo de Quintal** nas rodas do Cacique.

Samba de raiz todo dia | **Domingo**: A melhor noite do Bar Semente, a partir das 19h. Mas às sextas e aos sábados também tem samba. Rua Evaristo da Veiga, 149, Lapa. **Segunda:** Samba do Trabalhador, comandado por Moacyr Luz, das 17h às 22h, no Clube Renascença. Rua Barão de São Francisco, 54, Andaraí. **Terça:** É o dia em que o Trapiche Gamboa abre os trabalhos da semana, a partir das 18h30. Rua Sacadura Cabral, 155, praça Mauá. **Quarta:** A partir das 19h, o Sacrilégio tem rodas de samba e partido-alto. Avenida Mem de Sá, 81, Lapa. **Quinta:** Noite dos bambas no Bip Bip, a partir das 19h30. O minúsculo boteco também promove rodas aos sábados e domingos. Rua Almirante Gonçalves, 50, Copacabana. **Sexta:** Samba Luzia, às 22h, no Clube Santa Luzia, ao lado do aeroporto Santos Dumont. Avenida Almirante Sílvio de Noronha, 300, Centro. **Sábado:** Samba do Ouvidor a cada duas semanas, a partir das 17h, de graça. Esquina das ruas do Mercado e do Ouvidor, no Centro.

Uma viagem pela Avenida Brasil

SÃO 58 QUILÔMETROS, que cortam 27 bairros, alguns trechos abandonados e outros que é bom evitar à noite. Mas no entorno da Brasil, a maior via urbana do país, estão atrações que merecem ser visitadas.

Planetário

O da Gávea é o mais famoso, mas em Santa Cruz está um segundo planetário, com um dos sistemas de projeção digital mais modernos da América Latina. O público assiste às sessões de cúpula em poltronas reclináveis e depois ainda pode conferir atrações interativas no Museu de Ideias.

Estátua da Liberdade

Não confunda com aquela aberração do New York City Center. Na praça Miami, em Vila Kennedy, está localizada uma Estátua da Liberdade quase original. A escultura, de zinco, foi feita no fim do século XIX pelo francês Frédéric Augusto Bartholdi, autor do monumento de Nova York. Ele criou algumas poucas réplicas menores e essa veio parar no Rio. Desde 1965, enfeita a praça da Zona Oeste.

Museu Aeroespacial

São cinco hangares com mais de cem aeronaves de diferentes épocas, inclusive uma reprodução exata do 14 Bis construído por Santos Dumont. Aliás, o coração do pai da aviação foi preservado numa redoma de metal e está em exposição. O museu também guarda documentos históricos, exibe filmes temáticos, tem lojinha e, ao longo do ano, promove shows aéreos com a Esquadrilha da Fumaça. Fica na divisa de Deodoro e Campo dos Afonsos.

Casa de Banhos

Você já deve ter visto esse nome em placas de sinalização na avenida Brasil. A tal Casa de Banhos é um casarão do século XIX, no Caju, que servia de apoio para os banhos de mar de D. João VI nas águas então limpas da baía de Guanabara. Atualmente é o Museu da Limpeza, da Comlurb, que exibe os primeiros uniformes dos garis, equipamentos antigos e novos para recolher lixo, além de miniaturas de veículos e carruagens.

Castelo de Manguinhos

Um clássico da avenida Brasil onde funciona a sede da Fiocruz. Construído a partir de um desenho feito por Oswaldo Cruz em 1905, o castelo reúne materiais nobres de vários países europeus. As varandas são revestidas de azulejos portugueses e o piso, de mosaicos franceses. A escadaria principal tem degraus em mármore Carrara. Já o elevador alemão, de 1909, é o mais antigo em funcionamento no Rio.

Feira de São Cristóvão

São setecentas barracas, que funcionam de terça a quinta, das 10h às 18h. A partir das 10h de sexta vira quase uma rave nordestina: emenda duas madrugadas adentro e só fecha no domingo às 21h. São três palcos: João do Vale, Jackson do Pandeiro e Pinto Monteiro. As ruas internas levam os nomes dos nove estados do Nordeste. E ainda tem atividades nas praças Padre Cícero, Frei Damião, Mestre Vitalino, Câmara Cascudo e Catolé do Rocha.

Os bairros cortados pela Brasil: Santa Cruz, Paciência, Campo Grande, Santíssimo, Vila Kennedy, Bangu, Padre Miguel, Realengo, Ricardo de Albuquerque, Deodoro, Guadalupe, Barros Filho, Coelho Neto, Irajá, Vista Alegre, Parada de Lucas, Vigário Geral, Cordovil, Penha, Olaria, Ramos, Bonsucesso, Manguinhos, Benfica, Vasco da Gama, São Cristóvão, Caju

Mercados populares

Cadeg

Acesso: Rua Capitão Félix, 110, Benfica **Fundação:** 9 de janeiro de 1962 **Principais segmentos:** Hortifrúti, flores, bebidas, gastronomia **Número de lojas:** 305 **Andares:** Três (e mais dois de escritórios) **Estacionamento:** 900 vagas **Horário de funcionamento:** Diariamente, mas cada segmento tem um horário. Hortifrúti: das 23h às 10h; comércio: das 7h às 16h; flores: das 2h às 16h (fecha domingo); restaurantes: das 11h às 17h (mas alguns abrem às 21h e funcionam até depois do almoço) **Movimento médio por dia:** 8 mil pessoas

LOJAS BACANAS

Cantinho das Concertinas

Culinária portuguesa típica: são irresistíveis o bolinho de bacalhau e a sardinha na brasa. Aos sábados, os donos enfeitam o corredor e músicos tocam fado.

Barsa

O restaurante mais arrumadinho do Cadeg tem dois pratos que atraem gente da cidade inteira: bacalhau frito no azeite coberto com alho dourado e coelho ao vinho tinto.

Pavilhão das Flores

São cerca de duzentos produtores e a variedade é impressionante. Mas para garantir as melhores flores é bom chegar nas primeiras horas da manhã.

Griffe dos Vinhos

Uma das maiores lojas de vinho do mercado. Nas prateleiras estão quase 2 500 rótulos, com preços mais baixos do que os habituais.

Ayumi

Especializada em produtos e ingredientes japoneses. Tem de tudo: gengibre, nirá, shitake, óleo de gergelim, arroz japonês e algas.

Mercadão de Madureira

Acessos: Avenida Ministro Edgard Romero, 239, e rua Conselheiro Galvão, 96 **Fundação:** 18 de dezembro de 1959 **Principais segmentos:** Artigos de festas, plantas e ervas, maquiagem, artigos religiosos **Número de lojas:** 580 **Andares:** Dois **Estacionamento:** 134 vagas (mas há outras em estacionamentos nas redondezas) **Horário de funcionamento:** Segunda a sábado, das 7h às 19h. Domingos e feriados, das 7h às 12h **Movimento médio por dia:** 80 mil pessoas

LOJAS BACANAS

Pink Casa da Manicura

Um supermercado de esmaltes, com cinquenta marcas e mais de duas mil cores. E, claro, tem aquele acessório que virou moda na novela.

Aluap Pipas

Varetas, fibras, papel de seda, rabiolas, linha de armação e uma enorme variedade de pipas prontas.

O Mundo dos Orixás

Loja tradicional no Mercadão, tem incensos, atabaques, miçangas, charutos, ibás e qualquer outro artigo religioso.

Mercadão das Ervas

Conglomerado de quase trinta boxes que vendem plantas, ervas medicinais para todo tipo de tratamento e as chamadas ervas espirituais, para as doenças da alma.

Planeta das Noivas

Coroas, arranjos e tudo quanto é acessório imaginável para quem vai se casar.

Achados da Saara

Pinguim de pelúcia

Linda Presentes (rua da Alfândega, 297)

O terceiro andar inteiro é um zoológico de pelúcia: pinguins, sapos, elefantes, joaninhas, tubarões, ursinhos e ursões. No meio deles, há girafas de dois metros de altura.

Sapatos de palhaço

Buenas Festas (rua Buenos Aires, 172)

Tem de várias cores, sempre enormes, é claro. Vende também divertidas cabeças de bicho em espuma. Cuidado para não passar direto, porque a loja fica num sobrado: da rua, se vê apenas uma escada.

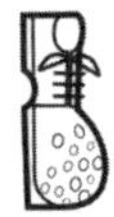

Casa de passarinho

Bazar Chou (rua Senhor dos Passos, 269)

A maior loja de móveis e apetrechos em MDF. Tem criados-mudos, penteadeiras, baús... Fofos mesmo são os móveis em miniatura, as casas de boneca e as casinhas de passarinho.

Abacaxi cenográfico

Vista Verde (rua Buenos Aires, 290, fundos)

Lá nos fundos de uma pequena loja de bolsas existe um mundo de flores e plantas artificiais que nem no Jardim Botânico você acha. Mas o melhor é um corredor só de frutas e legumes de plástico, perfeitos e apetitosos. Até pitanga, cebola e alface tem.

Arpão

Nova Pet Lazer (rua Buenos Aires, 170)

Vai fazer pesca submarina? Esse pet shop é como outro qualquer no primeiro andar. Mas subindo a escada oferece arpões dos mais diferentes tamanhos.

São Longuinho

Zena Imagens e Artes Sacras (avenida Passos, 24)

Ache o santo e dê três pulinhos, porque ali a variedade nas prateleiras é impressionante. Além da imagem de são Longuinho, tem são Jorge, são Sebastião, frei Damião, padre Cícero e até o papa João Paulo II. E de tudo quanto é material: madeira, gesso, mármore, porcelana...

Avenida do Mangue
Rua Guanabara
Avenida Central
Largo da Prainha
Caminho Novo de Botafogo
Caminho Velho de Botafogo
Rua do Piolho
Campo dos Ciganos
Estrada do Andaraí Pequeno
Largo do Matadouro
Morro do Senado
Caminho de Copacabana
Praça Coronel Valadares
Praia da Restinga
Rua Barroso
Estrada da Serra do Matheus
Rua da Vala
Estrada de Mata-Cavalos
Rua do Hospício
Rua Salvador Correia
Alto do Sá
Rua Montenegro
Rua dos Macacos
Avenida Alvorada
Rua das Princesas
Rua da Guarda Velha
Favela do Esqueleto
Praia do Sapateiro
Rua Vinte e Oito de Agosto

Liga pontos (da cidade)

Descubra se você conseguiria se achar no Rio de antigamente sem Waze.

Respostas: Avenida do Mangue – Avenida Francisco Bicalho; Rua Guanabara – Rua Pinheiro Machado; Avenida Central – Avenida Rio Branco; Largo da Prainha – Praça Mauá; Caminho Novo de Botafogo – Rua Marquês de Abrantes; Caminho Velho de Botafogo – Rua Senador Vergueiro; Rua do Piolho – Rua da Carioca; Campo dos Ciganos – Praça Tiradentes; Estrada do Andaraí Pequeno – Rua Conde de Bonfim; Largo do Matadouro – Praça da Bandeira; Morro do Senado – Praça da Cruz Vermelha; Caminho de Copacabana – Rua da Passagem; Praça Coronel Valadares – Praça Nossa Senhora da Paz; Praia da Restinga – Praia do Leblon; Rua Barroso – Rua Siqueira Campos; Estrada da Serra do Matheus – Rua Lins de Vasconcelos; Rua da Vala – Rua Uruguaiana; Estrada de Mata-Cavalos – Rua do Riachuelo; Rua do Hospício – Rua Buenos Aires; Rua Salvador Correia – Avenida Princesa Isabel; Alto do Sá – Parque Guinle; Rua Montenegro – Rua Vinícius de Moraes; Rua dos Macacos – Boulevard Vinte e Oito de Setembro; Avenida Alvorada – Avenida Ayrton Senna; Rua das Princesas – Rua Paissandu; Rua da Guarda Velha – Avenida Treze de Maio; Favela do Esqueleto – Uerj; Praia do Sapateiro – Praia do Flamengo; Rua Vinte e Oito de Agosto – Rua Barão da Torre

Rua do Riachuelo
Rua Conde de Bonfim
Praia do Flamengo
Rua Siqueira Campos
Rua Senador Vergueiro
Rua Paissandu
Uerj
Boulevard Vinte e Oito de Setembro
Praça Tiradentes
Parque Guinle
Avenida Rio Branco
Praça Mauá
Rua Buenos Aires
Avenida Francisco Bicalho
Rua Vinícius de Moraes
Avenida Ayrton Senna
Rua Marquês de Abrantes
Rua Lins de Vasconcelos
Praça da Cruz Vermelha
Rua Pinheiro Machado
Avenida Princesa Isabel
Praça da Bandeira
Rua Barão da Torre
Praia do Leblon
Avenida Treze de Maio
Rua da Passagem
Rua Uruguaiana
Praça Nossa Senhora da Paz
Rua da Carioca

Engarrafou

O trânsito da cidade é **monitorado por 580 câmeras** da prefeitura. Elas giram, focam para cima e para baixo e têm zoom de alta definição. Além destas, existem mais cerca de quatrocentas da PM e das concessionárias que administram vias expressas como linha Amarela, linha Vermelha e ponte Rio-Niterói.

Os radares que controlam excesso de velocidade são 432. Outros 417 fiscalizam avanço de sinal vermelho. Aquele **que mais multa os apressadinhos** fica na pista central do quilômetro 12,8 da avenida Brasil, na altura da Penha, sentido Santa Cruz. Já o pardal recordista em registrar avanço de sinal está na pista lateral da avenida Dom João VI, em frente à estação Magarça do BRT Transoeste, em Guaratiba.

Dois trechos de **mão inglesa** no trânsito carioca: 280 metros da avenida Pasteur, na altura da Policlínica de Botafogo, e sessenta metros da rua Leopoldina Rêgo, no contorno da praça Marechal Maurício Cardoso, em Olaria.

Se você vier no embalo e deixar o carro em ponto morto na **galeria do Rebouças** que liga o Cosme Velho à Lagoa, ele atravessa os mais de dois quilômetros sem perder a velocidade. Até aumenta, se os pneus estiverem bem calibrados. O trecho é uma ligeira descida.

Velocidades máximas: Linha Amarela — 100 km/h para carros e 80 km/h para ônibus e caminhões | Linha Vermelha — 90 km/h | Ponte Rio-Niterói — 80 km/h | Avenida Brasil — 90 km/h | Avenida das Américas — 80 km/h | Aterro do Flamengo — 90 km/h | Túnel Rebouças — 90 km/h | Túnel Santa Bárbara — 80 km/h

Sinais que abusam da nossa paciência

Rua J. J. Seabra com a avenida Borges de Medeiros, na Lagoa: dois minutos e três segundos vermelho e só dezesseis segundos verde.

Rua Coelho Neto com a Pinheiro Machado, em Laranjeiras: inacreditáveis três minutos e doze segundos vermelho e apenas dezoito segundos verde.

Qual outro?

Infrações que mais causam multas no Rio neste século XXI

1º – Transitar em velocidade superior à máxima permitida em até 20%.
2º – Estacionar em calçadas, áreas de passeio, faixas de pedestres, ciclovias, gramados ou jardins públicos.
3º – Transitar em velocidade superior à máxima permitida em mais de 20% e até 50%.
4º – Transitar em velocidade superior à máxima permitida em mais de 50%.
5º – Conduzir motocicleta com capacete sem viseira ou óculos de proteção.
6º – Dirigir sem carteira de habilitação.
7º – Transitar em acostamentos, calçadas, passarelas, jardins públicos ou áreas de passeio.
8º – Dirigir sob influência de álcool ou qualquer outra substância que determine dependência.

A luz no fim dos túneis mais movimentados

Engenheiro Raymundo de Paula Soares (linha Amarela) – **2187 metros** | Rebouças – **760 metros** (Rio Comprido-Cosme Velho) e **2 040 metros** (Cosme Velho-Lagoa) | Zuzu Angel (Gávea-São Conrado) – **1590 metros** | Rio 450 (via Binário do Porto) – **1480 metros** | Santa Bárbara (Catumbi-Laranjeiras) – **1357 metros** | Noel Rosa (Vila Isabel-Sampaio) – **720 metros** | Mergulhão Billy Blanco (Barra, próximo à Cidade das Artes) – **670 metros** | Acústico Rafael Mascarenhas (Gávea) – **550 metros** | Túnel Novo (avenida Lauro Sodré-Leme) – **250 metros** | Rua Alice (Rio Comprido-Laranjeiras) – **220 metros** | Túnel do Pasmado (enseada de Botafogo-avenida Lauro Sodré) – **212 metros** | Túnel Velho (Botafogo-Copacabana) – **182 metros**

Foi o primeiro túnel do Rio, inaugurado em 1887

Buraco do Padre
Passagem de pedestre embaixo da linha do trem que liga a rua Vinte e Quatro de Maio com o largo onde fica a igreja Nossa Senhora da Conceição do Engenho Novo. Logo adiante tem uma passagem de carro, que muita gente chama pelo mesmo nome. Mas o autêntico Buraco do Padre é só para pedestres!

O Rio tem cada buraco...

Buraco Quente
Região do morro da Mangueira, próximo à sede da escola.

Buraco do Lume
Quase no largo da Carioca. Ganhou esse nome porque, no fim dos anos 50, a então poderosa Lume Empresarial abriu uma imensa cratera para construir sua sede. Mas ela faliu e por muito tempo restaram ali tapumes tapando o buraco.

Buraco do Lacerda
Passagem de nível que liga a avenida Dom Hélder Câmara à rua Bráulio Cordeiro, na área do Jacarezinho. Foi construída pelo governador Carlos Lacerda, daí o nome.

Buraco da Lacraia

Inferninho LGBT, na Lapa, que mistura festas underground, karaokê, performances eróticas e um show de humor comandado por Luís Lobianco para se escangalhar de rir.

Buraco do Faim

Outra passagem embaixo da linha do trem. Fica em Bangu e liga a rua Coronel Tamarindo à avenida Santa Cruz.

Buraco do Galo

Roda de samba que acontece todo primeiro sábado do mês na rua Dona Vicência, 97, em Oswaldo Cruz.

Restaurantes centenários

SE VOCÊ TAMBÉM GOSTA DE JUNTAR história e boa comida, é possível fazer num único dia um circuito por todos os restaurantes centenários do Rio. Alguns mudaram de endereço ao longo do tempo (sempre para bem perto), mas as especialidades nunca saíram do cardápio.

Leiteria Mineira (1907)
Café com leite, torradas petrópolis e creme de maisena para começar o dia.

Rua da Ajuda, 35, Centro

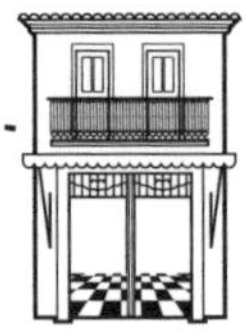

Padaria Bassil (1913)
Arremate o café com uma esfirra de carne que acabou de sair do forno.

Rua Senhor dos Passos, 235, Centro

Armazém Senado (1907)
Hora de abrir os trabalhos com uma Original gelada e uma porção de tremoços.

Avenida Gomes Freire, 256, Centro

Rio Minho (1884)
Vamos começar a comilança pra valer com a clássica sopa Leão Veloso. Pega leve que é só a entrada.

Rua do Ouvidor, 10, Centro

Casa Urich (1913)
Segundo tempo: kassler defumado. Com salada de aipo, para equilibrar.

Rua São José, 50, Centro

Bar Luiz (1887)
Prossiga com o cremosíssimo chope. Para beliscar, salada de batata.

Rua da Carioca, 39, Centro

Nova Capela (1903)
Aproveite a caminhada até a Lapa para fazer a digestão, porque é hora de cair dentro do cabrito com arroz de brócolis.

Avenida Mem de Sá, 96, Lapa

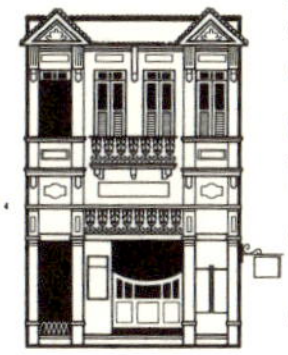

Bar Brasil (1907)
Nem precisa sair da calçada: emende com o chope tirado da centenária serpentina de bronze com gelo moído por cima.

Avenida Mem de Sá, 90, Lapa

Casa Cavé (1860)
Um docinho vai bem. Duro é decidir entre pastel de belém, travesseiro de amêndoas, éclair de chocolate...

Rua Sete de Setembro, 137, Centro

Casa Paladino (1906)
Caindo a noite, escolha uns queijos para levar. Mas não custa provar a omelete de sardinha, única na cidade.

Rua Uruguaiana, 224, Centro

Confeitaria Colombo (1894)
Chá da tarde para relaxar da maratona e se deslumbrar com tudo a sua volta. E, já que o roteiro é histórico, peça a mesa cativa de Getúlio Vargas, a 38.

Rua Gonçalves Dias, 32, Centro

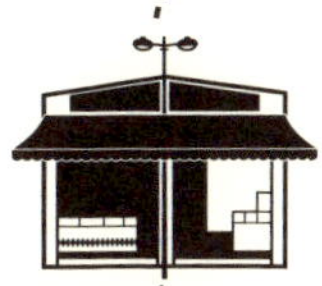

Café Lamas (1874)
Se prefere um jantar leve, peça a famosa canja de galinha. Fome monstro, já??? Então vá de filé à francesa.

Rua Marquês de Abrantes, 18, Flamengo

Aurora (1898)
Desce um chopinho de saideira! Ou o doce mineiro de botas, que leva goiabada, banana, ovo, queijo e canela.

Rua Capitão Salomão, 43, Botafogo

Não sabe qual botequim escolher? Vai na sorte: feche os olhos, gire o livro e aponte com o dedo. Você vai se dar bem em qualquer um em que cair.

Comes...

Adega Pérola

Rua Siqueira Campos, 138, Copacabana

Um imenso balcão, com quase cem tapas, oferece enroladinho de sardinha temperada, ovas de tainha e salada de polvo.

Bar da Portuguesa

Rua Custódio Nunes, 155, Ramos

Ótimos petiscos e pratos de bacalhau dividem a atenção com caldo de siri, torresmo feito na hora e mocotó.

Bar do Mineiro

Rua Paschoal Carlos Magno, 99, Santa Teresa

A feijoada é fantástica e tem todos os dias, mas vale provar também o frango com quiabo e polenta.

Cosmopolita

Travessa do Mosqueira, 4, Lapa

Se você nunca foi, é obrigatório provar o filé à Oswaldo Aranha, criado para o próprio nos anos 30 e copiado por todo mundo.

Cervantes

Avenida Prado Júnior, 355, Copacabana

Ainda não tombaram o rechonchudo sanduíche de pernil, abacaxi e queijo???

Original do Brás

Rua Guaporé, 680, Brás de Pina

O típico botequim do subúrbio. Sirva-se da premiada empada de camarão e do jiló recheado com calabresa.

Galeto Sat's

Rua Barata Ribeiro, 7, Copacabana

O melhor galeto do Rio, preparado de diferentes formas. Para rebater, peça a carta de cachaças. Algumas são da coleção do dono, mas ele bota na roda.

...e Bebes

Bar da Frente
Rua Barão de Iguatemi, 388, Praça da Bandeira

Excelentes cervejas e chopes artesanais, para acompanhar petiscos que sempre fazem bonito no Comida di Buteco.

Bar Urca
Rua Cândido Gaffrée, 205, Urca

É só pegar a cerveja, atravessar a rua e se sentar na mureta para curtir o visual. Mais carioca, impossível.

Botto Bar
Rua Barão de Iguatemi, 205, Praça da Bandeira

São nada menos do que 20 torneiras de chope de diferentes nacionalidades, que mudam de tempos em tempos.

Bar do Oswaldo
Estrada do Joá, 3896, Barra (antiga rua dos Motéis)

A melhor batida da cidade, para tomar em doses ou em garrafa. Tem mais de uma dúzia de sabores.

Academia da Cachaça

Rua Conde Bernadotte, 26, Leblon

O nome já entrega: são mais de cem rótulos, alguns raros. Aproveite e prove o escondidinho de carne-seca, o original e inigualável, lançado ali.

Jobi

Avenida Ataulfo de Paiva, 1166, Leblon

Perfeito para a saideira, porque fecha tarde. Ou para dar aquela esticada depois da praia.

Bracarense

Rua José Linhares, 85, Leblon

Um dos chopes mais elogiados da cidade. Desce bem com bolinho de aipim com camarão e empada de siri.

Guia de restaurantes

SUGESTÕES PARA QUEM GOSTA DE COMER BEM e é mais exigente do que crítico de gastronomia (e, se o serviço for um desastre, não há prato bom que salve).

PARA IR A DOIS E DERRETER CORAÇÕES

- ☐ **Bar d'Hotel** (Leblon)
- ☐ **Fasano Al Mare** (Ipanema)
- ☐ **Paris** (Flamengo)
- ☐ **Térèze** (Santa Teresa)
- ☐ Outro:

....

....

O que comemos:

....

O vinho foi...

....

Quanto deu a conta:

....

Minhas notas:

Ambiente ☆☆☆☆☆

Comida ☆☆☆☆☆

Serviço ☆☆☆☆☆

ESTRELADO PELO GUIA MICHELIN

- ☐ **Lasai** (Humaitá)
- ☐ **Le Pré Catelan** (Copacabana)
- ☐ **Olympe** (Jardim Botânico)
- ☐ **Roberta Sudbrack** (Jardim Botânico)
- ☐ Outro:

....

....

O que comemos:

....

O vinho foi...

....

Quanto deu a conta:

....

Minhas notas:

Ambiente ★★★★★

Comida ★★★★★

Serviço ★★★★★

O que comemos:

....

O vinho foi...

....

Quanto deu a conta:

....

Minhas notas:

Ambiente ★★★★★

Comida ★★★★★

Serviço ★★★★★

AMBIENTE BACANA E COZINHA CRIATIVA

- ☐ **Bazzar** (Ipanema)
- ☐ **Irajá** (Humaitá)
- ☐ **Oui Oui** (Humaitá)
- ☐ **Puro** (Jardim Botânico)
- ☐ Outro:

....

....

SEM HORA PARA SAIR DA MESA

- [ ] **Aprazível** (Santa Teresa)
- [ ] **Don Pascoal** (Vargem Grande)
- [ ] **Rubaiyat**, para ver as corridas no Jockey (Jardim Botânico)
- [ ] **Quinta** (Vargem Grande)
- [ ] Outro:

....

....

O que comemos:

....

O vinho foi...

....

Quanto deu a conta:

....

Minhas notas:

Ambiente ★★★★★

Comida ★★★★★

Serviço ★★★★★

O que comemos:

....

O vinho foi...

....

Quanto deu a conta:

....

Minhas notas:

Ambiente ★★★★★

Comida ★★★★★

Serviço ★★★★★

ALMOÇO DE TRABALHO (SOFISTICADO) NO CENTRO

- [ ] **Brasserie Lapeyre**
- [ ] **Eça**
- [ ] **Laguiole** (fica no MAM, mas ali é quase Centro)
- [ ] **Uniko**
- [ ] Outro:

....

....

JAPA COM SUSHIS E COISINHAS DIFERENTES

- ☐ **Mitsuba** (Tijuca)
- ☐ **Naga** (Barra)
- ☐ **Ten Kai** (Ipanema)
- ☐ **Yumê** (Horto)
- ☐ Outro:

....

....

O que comemos:

....

O saquê foi...

....

Quanto deu a conta:

....

Minhas notas:

Ambiente ☆☆☆☆☆

Comida ☆☆☆☆☆

Serviço ☆☆☆☆☆

BISTRÔ PARA CHAMAR DE MEU

- ☐ **Formidable** (Leblon)
- ☐ **Le Vin** (Ipanema)
- ☐ **Lorenzo** (Jardim Botânico)
- ☐ **Zazá** (Ipanema)
- ☐ Outro:

....

....

O que comemos:

....

O vinho foi...

....

Quanto deu a conta:

....

Minhas notas:

Ambiente ☆☆☆☆☆

Comida ☆☆☆☆☆

Serviço ☆☆☆☆☆

Receitas cariocas

Sopa Leão Veloso do Rio Minho

Ingredientes: 1 kg de cherne (cabeça e filé) | 300 g de polvo novo e tenro | 300 g de lulas | 200 g de camarões médios | 50 g de vôngoles | 2 cebolas | 1 ramo de aipo | 1 pé de alho-poró | 3 ramos de salsinha | 3 ramos de cebolinha verde | 4 ramos de manjericão | 1 ramo (pequeno) de alecrim | 5 ramos de coentro | 2 colheres (sopa) de azeite extravirgem | 2 colheres (sopa) de óleo de milho | ½ cabeça de alho picada (cerca de seis dentes) | 2 tomates picados | 2 folhas de louro | 1 cálice de vinho branco seco | 1 colher (sobremesa) de colorau ou pimentão-doce | 1 colher (sopa) de creme de arroz | 1 pitada de noz-moscada | sal a gosto

Modo de preparo:

1. Limpe a cabeça do peixe e os frutos do mar. Em uma panela grande, cozinhe em bastante água, por trinta minutos, a cabeça do peixe com uma cebola, o aipo, a salsinha, a cebolinha verde, o alho-poró, o manjericão, o alecrim e o coentro. Coe esse caldo e reserve. **2.** Depois de retirada a cabeça do peixe, desfie toda a carne e reserve em outro recipiente. **3.** Em outra panela, cozinhe o polvo e as lulas por trinta minutos. Se for necessário, retire as lulas e deixe o polvo cozinhar por mais tempo. Tempere com sal. Reserve. Em outra panela, cozinhe os camarões e os vôngoles por dez minutos. Tempere com sal e reserve. Separe o caldo do cozimento em um recipiente. **4.** Em uma frigideira, acrescente o azeite e o óleo de milho. Deixe esquentar bem. Coloque a outra cebola bem picada, os dentes de alho, os tomates, as folhas de louro e o vinho. Deixe ferver por quinze minutos, coe e reserve esse refogado. **5.** Em uma panela grande, de preferência de barro, adicione um litro e meio do caldo obtido no cozimento da cabeça do peixe e 500 ml do caldo em que foram cozidos os camarões e os vôngoles. Acrescente o refogado e deixe ferver por quinze minutos, mexendo bem para apurar o sabor dos ingredientes. Adicione a noz-moscada e o colorau. Ferva por quinze minutos e coe. **6.** Depois da sopa fervida e coada, engrosse-a com o creme de arroz e deixe ferver por mais quinze minutos. Junte o polvo em pedaços, as lulas em fatias (deixe algumas inteiras para a montagem), os camarões, os vôngoles e a carne da cabeça de peixe desfiada. Ajuste o sal e esquente até levantar fervura. Sirva bem quente, de preferência em cumbucas de barro.

Rendimento: Três a quatro pratos

Dica do chef Ramón Dominguez: A receita original levava mexilhão, mas ele trocou pelo sabor mais delicado do vôngole. E, em vez de usar apenas a cabeça do cherne, optou por misturar com pedaços mais suculentos do peixe, como a carne entre o filé e a cabeça, próximo da guelra.

Cabrito do Nova Capela

Ingredientes: 1 paleta de cordeiro (aproximadamente 1,7 kg) | sal e pimenta-do-reino a gosto | ½ cabeça de alho amassada (sem descascar os dentes) | 2 cebolas | 2 tomates | 1 pimentão | 250 ml de azeite ou óleo de soja

Modo de preparo:

1. Esfregue a paleta de cordeiro com sal e pimenta-do-reino. Bote a paleta numa assadeira, junto com o alho amassado e com as cebolas, os tomates e o pimentão cortados em pedaços grandes. Cubra com azeite ou óleo. **2.** Asse em forno médio até a carne ficar macia, durante duas a três horas, e sempre virando a paleta para assar por igual. Adicione água sempre que necessário, para não ressecar. Reduza a temperatura se estiver com muita ebulição. **3.** Finalize desossando a paleta e frite os pedaços de cordeiro em óleo quente, para formar uma crosta crocante. Use parte da gordura do cozimento como molho e, se quiser, jogue por cima lascas de alho douradas no azeite. Sirva com arroz de brócolis.

Rendimento: Dois a três pratos

Curiosidade: Procurou o cabrito na receita e não achou? Na verdade, o cabrito do prato sempre foi cordeiro, mas, mesmo depois que o erro histórico veio à tona, o prato manteve o nome de um e o sabor do outro.

Bolinho de feijoada do Aconchego Carioca

Ingredientes: 500 g de feijão-preto | 250 g de farinha de copioba amarela | 250 g de feijoadinha (paio, linguiça, carne-seca, costelinha, lombo e bacon) | 20 g de alho | 450 g de farinha para empanar | 450 g de bacon em cubinhos | sal para feijão (sal, salsa e coentro secos, cominho e pimenta) | 75 g de azeite | 5 g de polvilho azedo | 2 maços de couve cortada fininha e refogada | óleo para fritar

Modo de preparo:

1. Lave as carnes da feijoadinha e corte em pedaços pequenos. **2.** Cozinhe o feijão junto com as carnes por quarenta minutos na panela de pressão em fogo alto. Depois de cozido, deixe esfriar. **3.** Bata o feijão com as carnes, sem osso, no liquidificador. **4.** Em uma panela, refogue o alho com o azeite e adicione o feijão batido. Acrescente a farinha de copioba aos poucos, mexendo vigorosamente sem parar. Verifique o sal. Continue mexendo até desgrudar da panela e retire do fogo. **5.** Quando a massa estiver fria, adicione o polvilho azedo. **6.** Faça bolinhas com cerca de 40 g. Recheie com o bacon frito misturado com a couve refogada. **7.** Passe na farinha para empanar e frite em óleo quente.

Rendimento: Cerca de cinquenta bolinhos

Dica da chef Kátia Barbosa: Para o bolinho ficar ainda mais saboroso, o melhor é aproveitar a sobra da feijoada. E, na massa, você pode usar farinha industrial, feita de farinha de pão e ovo em pó.

Mingau de aveia da Leiteria Mineira

Ingredientes: 500 ml de leite | 4 colheres (sopa) de aveia | açúcar ou adoçante a gosto

Modo de preparo:

1. Coloque o leite em uma panela e leve ao fogo brando. Quando estiver morno, adicione a aveia e o açúcar (ou o adoçante) e mexa com uma colher, até engrossar. **2.** Não pare de mexer para o mesmo sentido, para não empelotar. Antes de ferver, retire do fogo e coloque no prato.

Rendimento: Um prato

Variação: A Leiteria também serve uma versão do mingau com ovo. Basta dissolver uma gema no leite, levar a fogo brando e seguir os passos da receita tradicional. O mingau fica mais grosso e amarelado.

Costela no bafo do Cachambeer

Ingredientes: Aproximadamente 1,8 kg de costela de boi (igual a 1 ripa de costela) | 6 dentes de alho | 1 cebola cortada em cubos | 1 colher (chá) de manjerona desidratada | 1 colher (chá) de manjericão desidratado | 1 colher (chá) de alecrim desidratado | 1 colher (chá) de sálvia desidratada | 150 g de sal grosso

Modo de preparo:

1. Coloque num liquidificador 300 ml de água, os dentes de alho, a cebola cortada, a manjerona, o manjericão, o alecrim e a sálvia. Bata bem. **2.** Numa tigela, coloque a costela de boi, tempere com a marinada (feita acima) e salpique sal grosso. Tampe a tigela e leve à geladeira por doze horas. **3.** Após as doze horas, retire a costela da geladeira e coloque-a sobre um papel celofane próprio para cozinha (se não tiver, substitua por papel-alumínio) e embrulhe com duas voltas, formando um pacote. Amarre as pontas do celofane com barbante para o suco e a gordura não saírem. Coloque a costela na churrasqueira a bafo e deixe assando por uma hora. **4.** Após esse tempo, vire o pacote da costela para assar do outro lado por mais duas horas. **5.** Retire a costela da churrasqueira a bafo, abra o pacote com cuidado para não se queimar e sirva em seguida.

Rendimento: Dá para até seis pessoas comerem

Alternativa: Se você não tiver churrasqueira, pode assar a costela no forno. Coloque-a numa assadeira e leve ao forno baixo por uma hora. Após esse tempo, vire a costela e asse por mais uma hora e quarenta minutos.

Arroz de pato do Antiquarius

Ingredientes: 1 pato inteiro | 400 g de arroz | 300 g de paio cortado em rodelas | 50 g de azeitonas sem caroço | 1 cebola picada | 1 molho de salsa picada | 2 cabeças de alho | 500 ml de caldo de carne | 1 pitada de molho inglês | sal a gosto

Modo de preparo:

1. Cozinhe o pato inteiro em uma panela com a cebola, a salsa, o alho e o caldo de carne. Tempere com o molho inglês e o sal. **2.** Depois de cozido, retire o pato e desfie. **3.** Prepare o arroz com o caldo do pato. **4.** No fim do preparo, misture o pato desfiado, o paio e as azeitonas.

Rendimento: Três a quatro pratos

Curiosidade: O português Carlos Perico, quando abriu o Antiquarius no Leblon, em 1977, mexeu na receita original preparada por sua mulher, dona Alia, que fazia um arroz de pato bem seco, como já é no clássico Alentejo. Ele deixou a receita mais molhada, incluiu azeitonas e agradou em cheio aos cariocas.

Ravióli mágico do Quadrifoglio

Ingredientes da massa: 500 g de farinha de grano duro | 5 ovos inteiros **Ingredientes do recheio:** 1 kg de maçã ácida descascada e cortada em lascas | 100 g de manteiga | 1 colher (sopa) de sal | 1 colher (sopa) de canela | 1 colher (sopa) de açúcar | 150 g de parmesão italiano **Ingredientes do molho:** 1 litro e meio de creme de leite | 1 colher (sopa) de sal | 1 colher (sobremesa) rasa de pimenta-do-reino | 150 g de parmesão ralado | 50 g de semente de papoula para polvilhar

Modo de preparo:

1. Misture bem a farinha de grano duro e os ovos. Abra a massa fininha (2 mm) para fazer os raviólis. **2.** Para fazer o recheio, numa panela derreta a manteiga até dourar. Acrescente as maçãs. Baixe o fogo e deixe cozinhar. Tempere com sal, canela e açúcar. Amasse bem para que não fiquem pedaços. Deixe escorrer numa peneira larga por umas quatro horas, até que esteja bem seco. Junte o parmesão. **3.** Faça os raviólis em formato de meia-lua, com seis centímetros de lado. **4.** Para fazer o molho, leve o creme de leite ao fogo com o parmesão. Bote sal e pimenta. Deixe reduzir até engrossar um pouco. **5.** Cozinhe os raviólis rapidamente (cerca de um minuto) em água e sal. Escorra. **6.** Cubra com o molho e salpique a papoula.

Rendimento: Dez pratos

Curiosidade: O ravióli foi criado no fim dos anos 80 por Silvana Bianchi, que fundou o Quadrifoglio. Mas os atuais donos fizeram questão de mantê-lo no cardápio nos restaurantes do Lagoon e do Village Mall (o original, no Jardim Botânico, infelizmente não existe mais).

Álbum de figurinhas cariocas

Ricardo Amaral

Se alguma casa noturna bombava no Rio, tinha dedo dele. Foi dono das boates mais concorridas, como Mamão com Açúcar, Alô Alô, Gattopardo, Resumo da Ópera e a lendária Hippopotamus, que ditavam tendências cariocas. Criou também a primeira grande casa de shows, o Metropolitan, além de fazer a festa da garotada com o Roxy Roller, na Lagoa. E no Carnaval? Aí era a vez da Feijoada do Amaral, sempre cheia de vips de verdade.

Mulher de Branco

A figura mais misteriosa de Ipanema ganhou fama por vagar há décadas pela orla, carregando várias bolsas. Ela se chama Anamaria de Carvalho e foi casada com o cantor Marcos Valle nos anos 60, época em que era musa nas praias. Não mora na rua, como muitos pensam, mas num apartamento no bairro. Nos últimos anos, deixou de lado as roupas brancas e bem que poderia ser conhecida como a Mulher de Azul.

Gari Sorriso

Renato Feliciano Lourenço estreou no Carnaval de 1997, convocado para varrer a Sapucaí entre os desfiles. Gaiato, empunhou a vassoura como um estandarte e mandou ver no samba no pé. Ganhou uma bronca do chefe, mas o público foi à loucura e ele repetiu. Passou a fazer comerciais, apareceu em novela e sambou até na festa de encerramento da olimpíada de Londres. Ainda dá expediente como gari, na Tijuca, todo dia.

Romário
Se todo carioca é marrento, o Baixinho da Vila da Penha entrou na fila várias vezes. A habilidade com a bola nos pés sempre foi proporcional à paixão por mulheres e noitadas. Num jogo do Vasco, ao ser avisado por um amigo que suas três namoradas estavam no Maracanã e já prevendo confusão, mandou o recado: ia fazer um gol, liquidar a partida e pedir para sair. Aos dez minutos marcou e aos vinte já estava longe do estádio. Nem tomou banho.

Tia Surica
Figurinha carimbada de Madureira, onde nasceu e vive até hoje. Primeira mulher a puxar um samba da Portela, em 1966 ("Memórias de um sargento de milícias", de Paulinho da Viola, que por sinal deu o título à escola), faz parte da Velha Guarda da azul e branco. E faz também a feijoada mais famosa do mundo do samba. Na sua casa, o Cafofo da Surica, se reúnem bambas de diferentes gerações para parcerias e rodas animadas.

Evandro Mesquita e Fernanda Abreu
Cada um hoje está na sua praia, mas a origem na Blitz, o mais carioca dos grupos de rock, os tornou patrimônio da cidade. O sessentão Evandro é o próprio menino do Rio e deveria ser o sotaque oficial dos aeroportos. Fernandinha, a madrinha do funk carioca, com influências de rap, disco music, charme e sambalanço, eternizou hits que se confundem com a cidade, como "Garota sangue bom", "Veneno da lata" e "Rio 40 graus".

Figurinha Carioca

Pepê

Craque em adrenalina: foi campeão mundial de voo livre, campeão carioca de hipismo e um dos vinte melhores surfistas do mundo entre os anos 70 e 80. Também foi precursor da geração saúde, criando a Barraca do Pepê, quiosque que vendia sucos e sandubas naturais. Morreu saltando de asa-delta, em 1991, aos 33 anos. De tão carioca, batizou uma praia: leva seu nome aquele início da Barra, onde também está a avenida do Pepê.

Zé das Medalhas

Balconista por quase quarenta anos da Farmácia do Leme, na Prado Júnior, Altair Gomes (que nunca foi José) chegou a carregar mais de quinze quilos de medalhas de tudo quanto é tipo, até se aposentar, no fim dos anos 2000. A primeira, na verdade, era uma peça de rádio velha, que ele resolveu pendurar no pescoço. Depois de ter uma foto sua estampada no jornal, sua popularidade triplicou. Vendia um comprimido, ganhava uma medalha.

Figurinha Carioca

Figurinha Carioca

Cynthia Howlett

Praticamente nascida na areia do Arpoador, ganhou os holofotes contra a vontade: foi eleita musa do verão pela revista "Domingo", do *Jornal do Brasil*, mas se recusou a fotografar e dar entrevista, como era tradição. Virou uma inédita musa não autorizada. Jornalista, apresentadora de TV, multiesportista e bronzeada, é especialista em boa saúde e a melhor tradução da carioca moderna, cheia de personalidade e sempre de bem com a vida.

Figurinha Carioca

Figurinha Carioca

Figurinha Carioca

Figurinha Carioca

Figurinha Carioca

Figurinha Carioca

Figurinha Carioca

Figurinha Carioca

Figurinha Carioca

GENTILEZA
GERA
GENTILEZA

Portela

VOTE!

R D U E G L
I Z N G A B

Figurinha Carioca

Figurinha Carioca

Figurinha Carioca

Figurinha Carioca

Figurinha Carioca

Figurinha Carioca

Figurinha Carioca

Figurinha Carioca

Figurinha Carioca

Carlinhos de Jesus
Nascido em Marechal Hermes e criado em Cavalcante, ainda adolescente percebeu que faltavam meninos para dançar nas festas de debutante e passou a ensaiar quinze amigos. Estava começando o reinado do dançarino, responsável pelo salto de qualidade nas coreografias das comissões de frente da Sapucaí e por resgatar a dança de salão no Rio. É também dono do Lapa 40 Graus, mistura de casa de samba, sinuca e gafieira.

Marcelo D2
É o malandro carioca, no melhor dos sentidos. Quase um Bezerra da Silva jovem, a quem, aliás, ele homenageou no disco *D2 canta Bezerra*. Ainda nos tempos do Planet Hemp, mostrou que hip-hop pode ter gingado carioca e se misturar com o samba. E, como sempre falou de maconha sem presepada, ganhou respeito das favelas ao Posto 9. Tanta provocação já lhe rendeu algumas prisões. E também mais moral com os brothers.

Profeta Gentileza
Onipresente na cidade, sempre foi visto ao mesmo tempo no Centro, nas barcas, nos trens e nos ônibus. Depois que morreu, quase foi canonizado, graças a seus painéis nas pilastras do viaduto do início da avenida Brasil, que foram recuperados e transformados em cartão-postal. José Datrino era um pacato empresário até o incêndio do Gran Circo Norte-Americano, em Niterói, em 1961. Foi quando teve uma visão e passou a difundir que "gentileza gera gentileza".

Paulo César Silva

O sempre engarrafado viaduto da praia de Botafogo que leva à rua Pinheiro Machado é o escritório de Paulo César. Mesmo naqueles dias ferventes de verão, com sol derretendo pedra, ele está ali embecado num terno e gravata, aos gritos de "oooooooiii" e oferecendo amendoim no cone de papel pardo. Vende mais de quatrocentos diariamente e ainda dá palestras com o tema "Pequeno empresário com a mente milionária".

Macaco Tião

Adotado pelas turmas da revista *Casseta Popular* e do jornal *Planeta Diário*, teve sua candidatura a prefeito lançada em 1988, num show no Circo Voador. Recebeu cerca de 400 mil votos, a segunda maior votação depois de Marcello Alencar. Vivia de mau humor: de sua jaula no zoológico, atirava banana, fezes e o que desse na telha. Morreu de diabetes em 1996, aos 34 anos. Foi decretado luto oficial na cidade.

Zeca Pagodinho

Não se deixe enganar por seu sítio em Xerém. Zeca foi nascido e criado em Irajá, bebeu no samba de Madureira e Oswaldo Cruz e amadureceu sob a tamarineira do Cacique de Ramos. Até criar pérolas da filosofia carioca, como "camarão que dorme a onda leva", ralou no subúrbio como feirante, camelô, boy e apontador de jogo do bicho. Mas encerrava o expediente sempre no mesmo lugar: num botequim com cerveja gelada.

Chacal

Se tem cultura alternativa, ele está no meio. Escreveu para o grupo teatral Asdrúbal Trouxe o Trombone, zanzou pela cidade com os poetas--agitadores do Nuvem Cigana e criou o CEP 20 000, que unia filósofos, roqueiros, performers e outros doidos. Foi um dos fundadores do bloco Bangalafumenga e editou a revista *O Carioca*, que traduzia no nome criatura e criadores (participavam também Fausto Fawcett, Barrão, Waly Salomão...).

René Silva

Aos onze anos, lançou no Complexo do Alemão, bem antes das UPPs, o jornalzinho *Voz da Comunidade*. Mas se consagrou com a ocupação da favela em 2010, quando tuitou em tempo real tudo o que acontecia e seu jornal virou manchete internacional. Daí para se tornar um portal de notícias foi um pulo e Renê passou a ser referência no Alemão: dá palestras, ganhou prêmios e foi consultor de *Salve Jorge*, novela passada na favela.

Preta Gil

Figurinha fácil, que transita do mundo das celebridades ao povão. Ninguém sabe ao certo se ela é atriz, cantora, produtora ou porta-voz da polêmica. Mas é capaz tanto de promover uma festa junina de lavar a alma quanto de transformar seu casamento num dos eventos mais comentados dos últimos tempos na cidade. Isso sem falar no Bloco da Preta, que em poucos carnavais de vida já arrasa quarteirões (literalmente).

10 curiosidades históricas para você mandar bem numa conversa sobre o Rio

1. O **jogo do bicho** foi criado em 1892 pelo barão de Drummond, dono do zoológico de Vila Isabel, que enfrentava dificuldades financeiras e estava prestes a fechar. Para atrair mais visitantes, ele criou uma promoção que associava os dois últimos números do ingresso aos 25 animais que existiam em sua propriedade. Cada bicho representava quatro dezenas, do 00 ao 99. Parte do que era arrecadado com as entradas destinava-se ao prêmio. Para garantir a lisura do sorteio, às sete da manhã o barão botava a imagem de um dos animais numa caixa e só abria às cinco da tarde. Deu certo: o público não só começou a lotar o zoológico desde cedo, como passou a consumir em seu café e restaurante. O parque funcionou até os anos 40.

2. A **fortaleza de São João**, que começou a ser erguida em 1565, ano de fundação do Rio, é a construção mais antiga da cidade, embora já tenha sofrido alterações ao longo do tempo. Quase da mesma época é o casarão que hoje abriga o Centro de Visitantes do Jardim Botânico. Foi construído em 1576 como sede do engenho Nossa Senhora da Conceição da Lagoa.

3. Apesar de ser **Academia Brasileira de Letras**, quem mora no Rio leva vantagem para se tornar um imortal. Segundo o estatuto da casa, das quarenta cadeiras, 25 devem ser ocupadas por quem tem residência na cidade. Mas, na prática, esse número mínimo não é atingido há décadas.

4. O projeto original do **bondinho do Pão de Açúcar** previa uma terceira linha. Depois de inaugurados os trechos praia Vermelha-morro da Urca (1912) e morro da Urca-Pão de Açúcar (1913), seria construída a última variante, que ligaria os morros da Urca e Babilônia. Mas a expansão encontrou resistência do Exército, que via na ocupação do Babilônia um risco para as fortalezas na entrada da baía de Guanabara. O projeto foi engavetado, mas volta e meia ainda é discutido.

5. O nome e os hambúrgueres sugerem que se trata de uma marca importada, mas o **Bob's** é carioca da gema. A primeira loja foi a da rua Domingos Ferreira, que existe até hoje. O criador da lanchonete, esse sim, era gringo: o americano Robert Falkenburg, bicampeão de tênis no torneio de Wimbledon em 1948 e 1949. Ele veio para o Rio em 1951 e abriu a sorveteria Falkenburg, que vendia só sorvete de baunilha feito em máquinas trazidas de seu país. No ano seguinte, apostou no conceito de fast-food e, pegando emprestado seu apelido, criou o Bob's.

6. Uma das casas noturnas mais efêmeras do Rio foi também uma das mais marcantes. A Frenetic Dancin Days, ou simplesmente **Dancin Days**, abriu em agosto de 1976 e fechou três meses depois. Tempo suficiente para inaugurar (e consagrar) a discoteca no Brasil. Idealizada por Nelson Motta, funcionava no então recém-construído Shopping da Gávea e permitia a entrada de quem estivesse de tênis. Um túnel todo forrado de jeans levava a uma pista de dança quadriculada em preto e branco, onde garçonetes cantavam, pintavam e bordavam. Elas se tornaram as Frenéticas e a Dancin Days virou novela das oito de Gilberto Braga.

7. As ruas do Rio já tiveram seu tempo de Grande Prêmio de Mônaco. De 1933 a 1954, pilotos de várias partes do mundo vinham disputar o **Circuito da Gávea**, também conhecido como Trampolim do Diabo. Tratava-se de uma corrida de carros que contornava o morro Dois Irmãos, num total de vinte voltas, o equivalente a 223,2 quilômetros. A largada era na rua Marquês de São Vicente, e os competidores percorriam as avenidas Bartolomeu Mitre, Visconde de Albuquerque e Niemeyer. Depois subiam a estrada da Gávea (passando por onde é hoje a Rocinha) e retornavam até a Marquês de São Vicente.

8. O vitral da cúpula do **palácio Tiradentes** representa o céu do Rio às 9h15 do dia 15 de novembro de 1889, momento exato da Proclamação da República. O prédio, inaugurado em 1926 como Câmara dos Deputados, foi construído no terreno da Cadeia Velha, onde por três anos ficou preso Tiradentes, antes de ser enforcado. Daí o nome do palácio, que desde 1975 é sede da Assembleia Legislativa do Rio.

9. A **estação Cardeal Arcoverde** do Metrô é a mais bacana do Rio. Toda esculpida na pedra, lembra uma caverna. Ou, melhor ainda, a BatCaverna! Quando a obra ficou pronta, em 1998, um dos engenheiros responsáveis não perdeu a piada e botou o símbolo do Batman no alto de um duto de ventilação.

10. O desenho do calçadão de Copacabana virou um ícone internacional do Rio, mas criativa mesmo é a **Calçada Musical do boulevard Vinte e Oito de Setembro**, em Vila Isabel, construída em 1965. Ao longo de seus 1600 metros ela traz vinte partituras de clássicos da música brasileira desenhadas nas pedras portuguesas.

Veja a ordem delas, a partir da praça Maracanã até o fim da rua, já na praça Barão de Drummond: "Cidade maravilhosa" (André Filho), "Ó abre alas" (Chiquinha Gonzaga), "Pelo telefone" (Donga e Mauro de Almeida), "Mal-me-quer" (Cristóvão de Alencar, Armando Reis e Newton Teixeira), "Feitiço da Vila" (Noel Rosa e Vadico), "Ave Maria" (Erotildes Campos e Jonas Neves), "Aquarela do Brasil" (Ary Barroso), "Jura" (Sinhô), "Carinhoso" (Pixinguinha e João de Barro), "Linda flor" (Henrique Vogeler e Luís Peixoto), "A conquista do ar" (Eduardo das Neves), "Luar do sertão" (Catula da Paixão Cearense e João Pernambuco), "Chão de estrelas" (Orestes Barbosa e Silvio Caldas), "Linda morena" (Lamartine Babo), "A voz do violão" (Francisco Alves e Horácio Campos), "Na Pavuna" (Homero Dornellas e Almirante), "Primavera no Rio" (João de Barro), "Apanhei-te cavaquinho" (Ernesto Nazareth), "Florisbela" (Nássara e Frazão), "Renascer das cinzas" (Martinho da Vila)

Igrejas do Centro

A CONSTRUÇÃO DA AVENIDA PRESIDENTE VARGAS botou abaixo quatro igrejas do século XVIII, entre elas a São Pedro dos Clérigos, uma joia barroca de 1733. Mas a região do Centro continua tendo a maior concentração de igrejas católicas do Rio. São 34, metade delas no quadrilátero delimitado pela própria Presidente Vargas, rua Primeiro de Março, avenida Almirante Barroso e Campo de Santana. Selecionamos os destaques desse trecho para você percorrer em um dia.

Candelária
Praça Pio X
A igreja mais famosa do Rio, construída a partir de uma capela erguida em 1609. Sofreu várias alterações e ampliações até 1898.

Santa Cruz dos Militares
Rua Primeiro de Março, 36

Nossa Senhora do Monte do Carmo
Rua do Carmo, 46

Nossa Senhora do Carmo da Antiga Sé
Rua Sete de Setembro, 14
Foi palco das coroações de D. Pedro I, em 1822, e D. Pedro II, em 1841. Foi também onde a princesa Isabel se casou com o conde D'Eu, em 1864. Como é colada à igreja de Nossa Senhora do Monte do Carmo, muita gente acha que as duas são uma só.

São José
Avenida Presidente Antônio Carlos, s/nº

Convento de Santo Antônio e **igreja de São Francisco da Penitência**
Largo da Carioca
As duas igrejas ficam lado a lado no morro de Santo Antônio e formam um dos mais importantes conjuntos da arquitetura colonial brasileira. A São Francisco da Penitência é toda revestida em ouro. O acesso se dá por escadas e elevadores.

São Francisco de Paula
Largo de São Francisco

Santíssimo Sacramento da Antiga Sé
Avenida Passos, 50

Santo Antônio dos Pobres
Rua dos Inválidos, 42
O chão em ladrilho hidráulico da capela erguida ali em 1834 (e depois demolida) foi recuperado e pode ser visto graças a um sobrepiso de vidro.

São Gonçalo Garcia e São Jorge
Rua da Alfândega, 382
Está sempre movimentada, mas lota mesmo no dia 23 de abril, quando tem procissão para o Santo Guerreiro.

Grandes palcos para shows memoráveis

Citibank Hall

Quem já rompeu a barreira dos quarenta anos ainda chama de Metropolitan, mas já foi também ATL Hall e Claro Hall. Criada por Ricardo Amaral em 1994, logo se tornou a casa mais badalada do Rio, por onde desfilaram atrações internacionais de prestígio: B. B. King, Simply Red, Donna Summer, Pavarotti... Foi palco também de shows nacionais históricos, como os últimos da Legião Urbana na cidade, ainda em 1994, e dos Mamonas Assassinas, em 1996.

Circo Voador

Nasceu em 1982 no Arpoador, mas se mudou para a Lapa três meses depois. Todas as gerações e correntes do rock passaram por ali, da Blitz em início de carreira à banda escocesa Franz Ferdinand, que fez uma apresentação lendária em 2006. Celso Blues Boy foi o recordista de shows: 104. Palco das inesquecíveis Domingueiras Voadoras da Orquestra Tabajara, sempre foi democrático. Num dia presta tributo ao sambista Candeia e no outro recebe os Titãs. Por picuinha política, ficou fechado durante oito anos. Em 1996, o candidato a prefeito Luiz Paulo Conde — sem noção — foi festejar no Circo sua eleição, justamente num show dos Ratos de Porão. João Gordo e o público soltaram uma sonora vaia, Cesar Maia não gostou do tratamento ao seu sucessor e lacrou a casa, que só reabriu em 2004.

Imperator

Lembra o show em que Gal Costa mostrou os seios na música "Brasil", pedindo ética ao país? Foi no Imperator. Também foi lá a primeira vez que Tom Jobim apresentou "Querida", que se tornaria tema de abertura da novela *O dono do mundo*. Inaugurado em 1954 como uma das maiores salas de cinema do Rio, baixou as portas nos anos 80 e virou casa de shows em 1991. Levou para a Zona Norte nomes como Caetano Veloso, Tim Maia, Roberto Carlos, Bob Dylan, Tina Turner e muitos outros. Voltou a fechar em 1996 e reabriu em 2012 como centro cultural, mas preservando espaço para apresentações de grande porte.

HSBC Arena

Loooooonge demais e, quando promove shows de pesos-pesados internacionais, como Paul McCartney, Amy Winehouse e Iron Maiden, pode ter certeza que o trânsito na Barra e arredores vai parar. É o maior espaço fechado para shows no Rio: cabem até 18 mil pessoas.

Vivo Rio

Com o fim do Canecão, passou a ser a única grande casa de shows da Zona Sul. Quem inaugurou foi Gilberto Gil, em 2006, também o primeiro a assinar uma enorme parede que existe no backstage, quase uma calçada da fama, com centenas de autógrafos de estrelas nacionais e internacionais. Mas cuidado com algumas mesas nas extremas laterais, de onde praticamente não se vê o palco.

Fundição Progresso

Era uma fábrica de fogões e cofres desativada, que seria demolida nos anos 80. Mas a turma que comandava o vizinho Circo Voador reagiu indignada e se postou na frente das marretas e guindastes. Deu certo. A Prefeitura tombou o prédio, que, depois de servir de extensão para atividades do Circo, virou uma casa independente em 1999, sob comando do carioquíssimo Perfeito Fortuna. Desde então abriga grupos como Intrépida Trupe e promove shows célebres. Um deles foi a despedida do Los Hermanos, que causou uma catarse coletiva em seus fiéis seguidores.

Canecão (hors-concours e imortal)

Dói no coração passar ali em frente e ver o lugar abandonado. O Canecão recebeu a nata da MPB, das temporadas anuais de Roberto Carlos a um dos últimos shows de Cazuza, já debilitado. Em 1977, Tom Jobim, Miúcha, Toquinho e Vinicius de Moraes fizeram tanto sucesso que permaneceram sete meses em cartaz. Em 1994, com *Paratodos*, Chico Buarque deu bis oito vezes! Bibi Ferreira, que apresentou o primeiro show da casa, em 1967, também fez o último, em 2010.

NÃO SABE ONDE BOTOU O INGRESSO daquele show inesquecível? Aqui a gente dá uma mãozinha para você deixar tudo organizado.

Rock in Rio

1985

Nunca foi tão bom ficar no meio da lama! Enquanto Freddie Mercury regia aquele coro de 250 mil vozes em "Love of my life", foram consumidos 900 mil sanduíches, 500 mil fatias de pizza, oitocentos quilos de gel para cabelo, 123 mil quilômetros de papel higiênico e 1,6 milhão de litros de bebida. A cerveja, infelizmente, era a Malt 90. Também conhecida como Malt Nojenta.

11 de janeiro: Ney Matogrosso, Erasmo Carlos, Baby Consuelo e Pepeu Gomes, Whitesnake, Iron Maiden, Queen
12 de janeiro: Ivan Lins, Elba Ramalho, Gilberto Gil, Al Jarreau, James Taylor, George Benson
13 de janeiro: Os Paralamas do Sucesso, Lulu Santos, Blitz, Go-Go's, Nina Hagen, Rod Stewart
14 de janeiro: Moraes Moreira, Alceu Valença, George Benson, James Taylor
15 de janeiro: Kid Abelha e os Abóboras Selvagens, Eduardo Dussek, Barão Vermelho, Scorpions, AC/DC
16 de janeiro: Os Paralamas do Sucesso, Moraes Moreira, Rita Lee, Ozzy Osbourne, Rod Stewart
17 de janeiro: Alceu Valença, Elba Ramalho, Al Jarreau, Yes
18 de janeiro: Kid Abelha e os Abóboras Selvagens, Eduardo Dussek, Lulu Santos, The B-52's, Go-Go's, Queen
19 de janeiro: Baby Consuelo e Pepeu Gomes, Whitesnake, Ozzy Osbourne, Scorpions, AC/DC
20 de janeiro: Erasmo Carlos, Barão Vermelho, Gilberto Gil, Blitz, Nina Hagen, The B-52's, Yes

1991

A única edição do festival no Maracanã e, por isso, a mais sem graça. O frenesi ficou por conta da primeira vinda do Guns N' Roses ao Brasil e das setecentas toalhas brancas que Prince exigiu para seu camarim. Mas emoção mesmo viveu o organizador Roberto Medina: o festival aconteceu sete meses depois de ele ter sido sequestrado e passado dezesseis dias num cativeiro.

18 de janeiro: Jimmy Cliff, Colin Hay, Joe Cocker, Prince
19 de janeiro: Vid & Sangue Azul, Supla, Engenheiros do Hawaii, Billy Idol, Carlos Santana, INXS
20 de janeiro: Hanói Hanói, Titãs, Faith No More, Billy Idol, Guns N' Roses
22 de janeiro: Inimigos do Rei, Roupa Nova, Run DMC, New Kids on the Block
23 de janeiro: Sepultura, Lobão, Megadeth, Queensrÿche, Judas Priest, Guns N' Roses
24 de janeiro: Serguei, Alceu Valença, Laura Finocchiaro, Carlos Santana, Prince
25 de janeiro: Ed Motta, Elba Ramalho, Deee-Lite, George Michael
26 de janeiro: Nenhum de Nós, Capital Inicial, Information Society, Debbie Gibson, A-Ha, Paulo Ricardo, Happy Mondays
27 de janeiro: Léo Jaime, Moraes Moreira e Pepeu Gomes, Deee-Lite, Lisa Stansfield, George Michael

2001

O festival voltou para o seu terreno de origem, dessa vez com uma estrutura melhor. E pela primeira vez trouxe três palcos menores (tendas Brasil, Raízes e Eletro), onde aconteciam shows simultâneos. Um momento constrangedor aconteceu no palco Mundo, o principal: Carlinhos Brown, escalado para a mesma noite de Guns N' Roses e Oasis, foi vaiado durante toda a sua apresentação e virou alvo de incontáveis garrafas de água quando começou a pular ao som de "Água mineral".

12 de janeiro: Orquestra Sinfônica Brasileira, Gilberto Gil, Milton Nascimento, James Taylor, Daniela Mercury, Sting
13 de janeiro: Cássia Eller, Fernanda Abreu, Barão Vermelho, Beck, Foo Fighters, R.E.M.
14 de janeiro: Pato Fu, Carlinhos Brown, Ira! & Ultraje a Rigor, Papa Roach, Oasis, Guns N' Roses
18 de janeiro: Moraes Moreira, Aaron Carter, Sandy e Junior, Five, Britney Spears, *N Sync
19 de janeiro: Sheik Tosado, Pavilhão 9, Queens of the Stone Age, Sepultura, Rob Halford, Iron Maiden
20 de janeiro: Engenheiros do Hawaii, Elba Ramalho & Zé Ramalho, Kid Abelha, Dave Matthews Band, Sheryl Crow, Neil Young
21 de janeiro: Diesel, O Surto, Deftones, Capital Inicial, Silverchair, Red Hot Chili Peppers

2011

Duas novidades: o festival passou a acontecer em setembro e uma Cidade do Rock nova foi construída quase em frente à original, com direito a roda gigante, montanha-russa e tirolesa. Katy Perry impressionou ao trocar de roupa treze vezes no palco, mas foi Christiane Torloni, numa entrevista na área vip, que eternizou essa edição: "Hoje é dia de rock, bebê".

23 de setembro: Os Paralamas do Sucesso + Titãs, Claudia Leitte, Katy Perry, Elton John, Rihanna
24 de setembro: NX Zero, Stone Sour, Capital Inicial, Snow Patrol, Red Hot Chili Peppers
25 de setembro: Gloria, Coheed and Cambria, Motörhead, Slipknot, Metallica
29 de setembro: Concerto Sinfônico Legião Urbana (Orquestra Sinfônica Brasileira), Janelle Monáe, Ke$ha, Jamiroquai, Stevie Wonder
30 de setembro: Marcelo D2, Jota Quest, Ivete Sangalo, Lenny Kravitz, Shakira
1º de outubro: Frejat, Skank, Maná, Maroon 5, Coldplay
2 de outubro: Detonautas, Pitty, Evanescence, System of a Down, Guns N' Roses

2013

Não teve para nenhuma banda-novata-sensação: o bom e velho Bruce Springsteen fez um dos melhores shows da história do festival. Durante quase três horas, tocou todas as músicas do álbum *Born in the USA*, homenageou Raul Seixas cantando "Sociedade alternativa" e até desceu do palco para dividir o microfone com o público.

13 de setembro: Tributo a Cazuza, Ivete Sangalo, David Guetta, Beyoncé
14 de setembro: Capital Inicial, 30 Seconds to Mars, Florence and the Machine, Muse
15 de setembro: Jota Quest, Jessie J, Alicia Keys, Justin Timberlake
19 de setembro: Sepultura e Les Tambours du Bronx, Ghost, Alice in Chains, Metallica
20 de setembro: Frejat, Matchbox Twenty, Nickelback, Bon Jovi
21 de setembro: Skank, Phillip Phillips, John Mayer, Bruce Springsteen & The E Street Band
22 de setembro: Kiara Rocks, Slayer, Avenged Sevenfold, Iron Maiden

2015

Praticamente uma reprise das cinco edições anteriores: Metallica, Elton John, Rod Stewart, Rihanna, Faith No More, Katy Perry, Slipknot, A-Ha... Só o Queen não tinha como repetir o Freddie Mercury.

18 de setembro: Especial 30 Anos Rock in Rio com vários artistas nacionais, The Script, OneRepublic, Queen + Adam Lambert
19 de setembro: Gojira, Royal Blood, Mötley Crüe, Metallica
20 de setembro: Os Paralamas do Sucesso, Seal, Elton John, Rod Stewart
24 de setembro: CPM 22, Hollywood Vampires, Queens of the Stone Age, System of a Down
25 de setembro: De La Tierra, Mastodon, Faith No More, Slipknot
26 de setembro Lulu Santos, Sheppard, Sam Smith, Rihanna
27 de setembro: Cidade Negra, AlunaGeorge, A-Ha, Katy Perry

BLOCO DE NOTAS DO ROCK

*Quem eu quero ver nas próximas edições
e outras coisinhas mais...*

Hey, mister DJ!

Dodô Azevedo Nome tarimbado da vida noturna carioca, teve a genial sacada de criar a festa Segredo, divulgada apenas para amigos nas redes sociais, com um aviso: "Não espalhe!". Ninguém guardou segredo, a festa passou a entupir de gente e Dodô tirou sarro com outro sucesso: a festa Fofoca.

Corello Foi o pioneiro do baile charme que balança os alicerces do viaduto de Madureira desde 1990. Foi ele, aliás, quem batizou o gênero, graças ao bordão que repetia quando botava um som mais cadenciado: "Chegou a hora do charminho, transe seu corpo bem devagarinho".

Janot Sapecou a MPB nas pistas de dança e se consagrou com a festa Brazooka, tornando-se uma referência no som verde e amarelo. Em 2006, tirou onda tocando para 1 milhão de pessoas na abertura do show dos Rolling Stones em plena praia de Copacabana.

Zé Roberto Mahr Um dos medalhões do Rio. Comissário de bordo da Varig na virada dos anos 80, aproveitava as folgas entre um voo e outro para garimpar fora do Brasil LPs de bandas desconhecidas. Virou DJ-radialista-produtor e, desde então, começou a despejar as novidades nas pistas cariocas.

Marcelinho da Lua Defensor ferrenho do vinil nas discotecagens, ele criou a drum 'n'bass com sotaque carioca e virou "o cara" das remixagens impecáveis. É capaz de estremecer a pista com uma mistura cirúrgica de "Águas de março" com Gaby Amarantos.

Maurício Lopes Venerado na cena eletrônica carioca. Seus longos sets chegam a durar oito horas, mesclando house, electro e várias outras subdivisões. Durante treze anos, foi residente da Oops!, a festa techno mais emblemática que o Rio já dançou.

Edinho O DJ mais rock'n'roll da noite do Rio. Começou no lendário Crepúsculo de Cubatão, nos anos 80, e passou por Kitschnet, Basement, Bunker, Fosfobox, Bukowski e Casa da Matriz, onde durante doze anos comandou com Tito Figueiredo a festa Paradiso.

Marlboro Inspirado pelo balanço black americano, ele bebeu no batidão dos morros, salpicou hip-hop, electro e MPB, e misturou tudo com bateria eletrônica. Não chega a ser uma receita, mas o funk carioca não seria o mesmo sem Marlboro.

Rodrigo Penna Criou nas matinês de domingo a festa-sensação Bailinho, que passou a atrair a nata da Zona Sul. Eclético, Rodrigo emenda Beyoncé, Luiz Gonzaga, Seu Jorge e Frank Sinatra. E sempre convida um famoso para ser DJ por um dia, modinha que todo mundo copiou.

Nepal Chamou a atenção na festa Zoeira, marco do hip-hop carioca no fim dos anos 90. Hoje é uma espécie de coringa da noite: transita por vários estilos, sempre com grooves irresistíveis.

Maurício Valladares Pavimentou na noite do Rio uma das melhores (e pioneiras) festas de todos os tempos, a Ronca Ronca, que se consagrou no improvável Clube dos Macacos, no Horto. Fotógrafo e radialista, virou DJ Mal Val por aclamação das pistas e graças a uma miscelânea sonora que transcende modismos.

Dom LV Os mais puristas podem torcer o nariz, mas foi LV (ou Luciano Vianna, na carteira de identidade) o responsável pela criação e pelas carrapetas da avassaladora Festa Ploc, que começou no Espaço Marun, no Catete, e virou uma franquia nacional.

Amandio da Hora Referência para todas as gerações pós-anos 70 e lenda viva da primeira safra dos grandes DJs da noite carioca, que tinha também Big Boy, Dom Pepe, Ademir Lemos, Monsieur Limá...

Leo Feijó: Nunca foi DJ, mas é quem mais abre portas para eles. Desde que inaugurou a primeira Casa da Matriz, em 1999, é o maior empreendedor da noite carioca. São dele o Teatro Odisseia e a Choperia Brazooka... 'Sem contar os saudosos Cinemathèque, Pista 3 e Drinkeria Maldita.

O Rio dá samba.
E funk, valsa, bossa nova...

Saudades da Guanabara

(Aldir Blanc, Moacyr Luz e Paulo César Pinheiro)

A canção faz um passeio pelo Rio num genial jogo de palavras. Além de citar morros (Salgueiro, Juramento) e monumentos (mesa do Imperador, Cristo Redentor), a letra percorre catorze bairros. Pela ordem, aparecem Muda, Engenho de Dentro, Santa Cruz, Lagoa, Ilha do Governador, São Conrado, Encantado, Piedade, Ramos, Laranjeiras, Flamengo, Catete, Lapa e Centro.

Cariocas

(Adriana Calcanhotto)

A cantora gaúcha definiu muito bem os cariocas: são bonitos, bacanas, sacanas, dourados, modernos, espertos, diretos e não gostam de dias nublados. Nem de sinal fechado.

Menino do Rio

(Caetano Veloso)

Homenagem a José Artur Machado, o surfista Petit, criado na praia de Ipanema, modelo nas horas vagas e um dos cariocas mais ilustres dos anos 70. Louro, rebelde e sempre bronzeado, ele foi o símbolo da geração saúde e a encarnação do corpo aberto no espaço.

Carta ao Tom 74

(Vinicius de Moraes e Toquinho)

O famoso endereço rua Nascimento Silva, 107, foi onde Tom Jobim morou de 1953 a 1962. A letra, que Vinicius escreveu em 1974, é repleta de dados biográficos: lá foram compostas "Garota de Ipanema" ("Nossa famosa garota nem sabia/A que ponto a cidade turvaria") e as músicas do disco gravado por Elizeth Cardoso que é considerado um dos marcos da bossa-nova ("Você ensinando pra Elizeth/As canções de *Canção do amor demais*").

All Star

(Nando Reis)

Foi composta em 1998, quando o paulistano Nando, ainda nos Titãs, estava no Rio gravando o álbum *Volume 2*. Sempre que saía do estúdio, ele ia para o apartamento de Cássia Eller, no bairro das Laranjeiras, entrava no elevador e apertava o doze ("que é o seu andar"). Mas, se Nando vivia na casa da cantora, como explicar o enigmático verso "se o homem já pisou na Lua como ainda não tenho seu endereço"? Simples: o cantor só sabia chegar lá de táxi e nunca havia anotado onde morava Cássia.

Kátia Flávia, a Godiva de Irajá

(Fausto Fawcett)

A louraça Belzebu que matou um figurão e se escondeu ali em Copa é destemida e gosta de provocar a polícia da cidade inteira. Polícia de Madureira, Deodoro, São Cristóvão, Bonsucesso, Benfica, Pavuna, Tijuca, Quintino, Catete, Grajaú, Flamengo, Botafogo, Barra da Tijuca... Polícia pode vir.

Domingo

(Neguinho da Beija-Flor)

Ninguém conhece pelo nome original. O samba, lançado em 1979 no lado B de um compacto, foi rebatizado mais tarde de "O campeão – Domingo, eu vou ao Maracanã". Virou hino de todas as torcidas cariocas, que complementam a letra com o nome de seus times. E só para constar: Neguinho é rubro-negro.

Sinfonia do Rio de Janeiro

(Billy Blanco e Tom Jobim)

A mais ousada canção sobre o Rio levou um ano para ficar pronta e foi lançada em disco em 1954, com arranjo de Radamés Gnatalli, que também regeu a orquestra. A obra tem treze partes e a gravação original, de quase dezesseis minutos, traz as vozes dos medalhões Dick Farney, Elizeth Cardoso, Lúcio Alves, Gilberto Milfont, Dóris Monteiro, Os Cariocas, Emilinha Borba, Nora Ney e Jorge Goulart.

Hit parade carioca em qualquer época:

Cidade maravilhosa
(André Filho)

Garota de Ipanema
(Tom Jobim e Vinicius de Moraes)

Rio 40 Graus
(Fausto Fawcett, Fernanda Abreu e Laufer)

Garota carioca suingue sangue bom

Tom Jobim e sua paixão pelo Rio

Samba do avião
("Minha alma canta/ Vejo o Rio de Janeiro")

Corcovado
("Um cantinho e um violão/Esse amor, uma canção")

Ela é carioca
("Só sei que sou louco por ela/E pra mim ela é linda demais")

Outra parceria com Vinicius

Todo mundo sabe que...

Do Leme ao Pontal não há nada igual *(Tim Maia)*

Em **Engenho de Dentro**, quem não saltar agora só em Realengo *(Jorge Ben)*

Faz parte do meu show vagar na lua deserta das pedras do Arpoador *(Cazuza e Renato Ladeira)*

O **Pivete** dobra a Carioca olerê, desce a Frei Caneca olará *(Chico Buarque e Francis Hime)*

Aquele abraço vai pra Realengo, pra torcida do Flamengo, pra todo mundo da Portela e pra Banda de Ipanema *(Gilberto Gil)*

Copacabana é a princesinha do mar *(João de Barro e Alberto Ribeiro)*

O carioca é aquele que deita na sombra na hora do almoço e está quase sempre com ar de bom moço *(Ary do Cavaco e Otacílio da Mangueira)*

Versos imortalizados

"Rio de Janeiro, gosto de você"
Valsa de uma cidade
(Antônio Maria e Ismael Neto)

"Balance mesmo que é bom, do Leme até o Leblon"
Balanço Zona Sul
(Tito Madi)

"Rio que mora no mar, sorrio pro meu Rio que tem no seu mar"
Rio *(Roberto Menescal e Ronaldo Bôscoli)*

Minha playlist carioca

1. ------------------------------
2. ------------------------------
3. ------------------------------
4. ------------------------------
5. ------------------------------
6. ------------------------------
7. ------------------------------
8. ------------------------------
9. ------------------------------
10. ------------------------------

Muito além da Zona Sul

Os bairros do **Subúrbio** que Chico Buarque canta no disco *Carioca*, lançado em 2006:

Chico tem também a música "Carioca", aquela do "Gostosa, quentinha, tapioca"

Penha | Irajá | Olaria
Acari | Vigário Geral
Piedade | Maré
Madureira | Pavuna
Inhaúma | Cordovil
Pilares | Penha
Encantado | Bangu
Realengo | Paciência

Madureira está musicalmente para a Zona Norte como Copacabana está para a Zona Sul. Três clássicos que homenageiam o bairro:

Madureira chorou
(Carvalhinho e Júlio Monteiro)

Meu lugar
(Arlindo Cruz e Mauro Diniz)

Depois de Madureira
(Mauro Diniz)

Outros bairros da Zona Norte que viraram sucesso:

Turma da Tijuca
(Roberto Carlos e Erasmo Carlos)

Estácio, Holly Estácio
(Luiz Melodia)

Feitiço da Vila
(Noel Rosa e Vadico)

Alguns lugares

"O trem corre no trilho da Central do Brasil"
W/Brasil *(Jorge Ben)*

"O Hotel Marina quando acende/Não é por nós dois/Nem lembra o nosso amor"
Virgem *(Marina Lima e Antonio Cicero)*

"Voluntários, São Clemente, tô parado!/No Rebouças, Túnel Velho, tô parado pra ver"
Veneno da Lata
(Fernanda Abreu e Will Mowat)

"Mas me desculpa, onde tem muita gatinha/É na favela da Rocinha, lá no clube do Emoções"
O endereço dos bailes
(MCs Júnior e Leonardo)

A letra cita 25 bailes

Ótimos sambas-enredos que exaltam o Rio

Império Serrano, 1965:
Cinco bailes da história do Rio
(Silas de Oliveira, Dona Ivone Lara e Bacalhau)

Tradição, 1989:
Rio, samba, amor e Tradição
(João Nogueira e Paulo César Pinheiro)

Salgueiro, 1991:
Me masso se não passo pela rua do Ouvidor
(Sereno, Luiz Fernando e Diogo)

Vila Isabel, 1994:
Muito prazer! Isabel de Bragança e Drumond Rosa da Silva, mas pode me chamar de Vila
(Vilani Silva "Bombril", Evandro Bocão e André Diniz)

Salgueiro, 1994:
Rio de lá pra cá
(Celso Trindade, Demá Chagas, Bala, Arizão e Guaracy)

União da Ilha, 1997:
Cidade maravilhosa, o sonho de Pereira Passos
(Bujão, Carlinhos Fuzil e Wanderlei Novidade)

Portela, 2015:
Imagina Rio – 450 janeiros de uma cidade surreal
(Noca da Portela, Celso Lopes, Charlles André, Vinicius Ferreira e Xandy Azevedo)

VOCÊ PROVAVELMENTE SABE CANTAROLAR um trecho dos hinos de Flamengo, Vasco, Fluminense e Botafogo, compostos por Lamartine Babo. Torcedor fanático do América, ele fez também o do seu time do coração – que muita gente garante ser o mais bonito. O que quase ninguém tem ideia é que Lalá criou ainda os hinos do Bangu e de outros clubes pequenos do Rio. Os dos quatro grandes, do América e do Bangu ele fez em 1949. E num único dia! Os outros foram compostos no ano seguinte, para serem gravados e lançados em LP antes do oba-oba da Copa de 50.

Olaria

Mascote: Índio
Fundação: 01/07/1915
Estádio: Maurão Filho, mais conhecido como Rua Bariri (12 mil torcedores)

Olaria,
Teu esforço e tua glória
estão crescendo dia a dia,
Olaria, tua pujança, tua vida
envaidece a torcida

Olaria,
Tua camisa azul e branco
tem um "quê" de simpatia
Realizando sonhos mil,
Tu serás um pioneiro do
esporte no Brasil

Clube de faixa azul-celeste,
Tu vieste da Zona Norte,
Clube da faixa azul-celeste,
És do esporte pelo esporte

Muito orgulho:

★ Campeão brasileiro da série C, a Taça de Bronze, em 1981

★ Foi onde Garrincha encerrou a carreira, em 1972

★ Revelou Romário, ainda no infantil, em 1979

Bonsucesso

Mascote: Leão
Fundação: 12/10/1913
Estádio: Teixeira de Castro
(13 mil torcedores)

Muito orgulho:

★ Vice-campeão estadual em 1924, perdendo para o Vasco

★ Em 1931, goleou o Flamengo por 6 a 2

★ Revelou nos anos 30 o craque Leônidas da Silva

Para a torcida rubro-anil
Palmas eu peço (clap! clap!)
Na Leopoldina em cada
esquina
Quem domina é o Bonsucesso
Lá surgiu um jogador
sensacional
Surgiu Leônidas, o maioral!

Quando a turma joga em casa
A linha arrasa
Que baile... Que troça!
A torcida grita em coro
Não há choro
A vitória hoje é nossa

Madureira

Mascote: Zé Carioca
Fundação: 08/08/1914
Estádio: Aniceto Moscoso, popularmente conhecido como Conselheiro Galvão (10 mil torcedores)

Nosso ideal é lutar
Lutar por ti, Madureira,
Queremos ver tua bandeira
A tremular pelo ar
E assim queridos, unidos,
Seremos dez, vinte mil,
Em cada glória que temos,
Daremos pujança ao esporte
do Brasil

És, Madureira, nosso castelo,
A nossa catedral ideal
O sol de muitos anos,
Dos tricolores suburbanos

Muito orgulho:

★ Vice-campeão estadual em 1936 e 2006

★ Vice-campeão da Série D do Brasileirão, em 2010

★ É o time brasileiro que fez a excursão internacional mais longa da história, com 144 dias consecutivos e 36 jogos, em 1961

São Cristóvão, São Cristóvão,
Teu passado é tão belo
Quantas vitórias em Figueira de Melo
Quando vences outro clube
Oh! São Cristóvão, pertences
Aos corações sãocristovenses
Estimulam tua fibra extraordinária
Os grandes feitos do saudoso Cantuária

Avante, São Cristóvão,
Por teu bem, por nosso bem
Pela grandeza dos esportes
Que esta terra tem

És de um bairro cuja história
Tem valor profundo
Bairro ditoso de D. Pedro II
Quando vais à Zona Sul
Jogar com um clube bem forte
Tens a torcida da Zona Norte.
São Cristóvão, São Cristóvão,
Teu passado é tão cheio
Aos teus rivais inspiras sempre receio

São Cristóvão

Mascote: Carneiro
Fundação: 12/10/1898
Estádio: Foi rebatizado de Ronaldo Nazário, embora todo mundo ainda chame de Figueira de Melo (1 mil torcedores)

Muito orgulho:

★ Campeão carioca em 1926

★ Foi o primeiro clube de Ronaldo Fenômeno, ainda nas divisões de base. "Aqui nasceu o Fenômeno" está pintado no muro do estádio.

O Bangu tem também
a sua história, a sua glória,
enchendo seus fãs de alegria.
De lá, pra cá,
surgiu o Domingos da Guia

Em Bangu se o clube vence
há na certa um feriado.
Comércio fechado,
a torcida reunida
até parece a do Fla-Flu,
Bangu... Bangu... Bangu

O Bangu tem também
como divisa na camisa,
O vermelho sangue a brilhar,
E faz cartaz,
estouram foguetes no ar

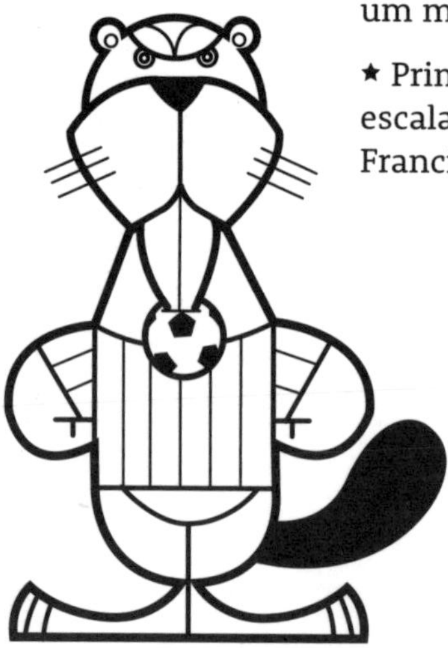

Bangu

Mascote: Castor

Auto-homenagem do bicheiro Castor de Andrade, que financiou o clube entre os anos 60 e 80

Fundação: 17/04/1904
Estádio: Moça Bonita. Mas o nome oficial é Proletário Guilherme da Silveira (9 mil torcedores)

Muito orgulho:

★ Vice-campeão brasileiro em 1985, perdendo a final para o Coritiba

★ Campeão carioca em 1933 e 1966

★ Primeiro clube a ganhar um título no Maracanã: o Torneio Início do Campeonato Carioca, um mês depois da Copa de 50

★ Primeiro clube do Rio a escalar um jogador negro, Francisco Carregal

Hei de torcer, torcer, torcer...
Hei de torcer até morrer, morrer,
morrer...
Pois a torcida americana é toda
assim
A começar por mim
A cor do pavilhão é a cor do
nosso coração
Em nossos dias de emoção
Toda torcida cantará esta canção
Tra-la-la-la-la-la
Tra-la-la-la-la-la
Tra-la-la-la-la
Campeões de 13, 16 e 22
Tra-la-la
Temos muitas glórias
E surgirão outras depois
Tra-la-la
Campeões com a pelota nos pés
Fabricamos aos montes, aos dez
Nós ainda queremos muito mais
América, unido vencerás!

América

Mascote: Diabo
Fundação: 18/09/1904
Estádio: Giulite Coutinho
(15 mil torcedores)

Muito orgulho:

★ Campeão estadual em 1913, 1916, 1922, 1928, 1931, 1935 e 1960

★ Venceu a Taça dos Campeões em 1982, uma espécie de Copa do Brasil que aconteceu naquele ano

★ Tem o hino mais bonito entre os clubes do Rio

★ É o segundo time de todo carioca

Troféu Mico Eterno

AS GLÓRIAS E CONQUISTAS DE Flamengo, Vasco, Botafogo e Fluminense o torcedor de cada time lembra bem. O que ele tenta esquecer são os vexames que entraram para a história. Mas sempre aparece um desgraçado para recordar. Então vamos combinar assim: nem leia a lista que maltrata o seu time. Melhor ainda: rabisque, rasgue, amasse, jogue fora, destrua! Aqui a ideia é eliminar seu próprio time. As outras três listas você guarda na carteira, porque do jeito que a coisa anda no futebol carioca, sempre pode ser útil para tirar sarro de um rival. Afinal, não basta torcer, tem que tripudiar.

Mulambada

entenário em branco – Não ganhou nem um pirulito m 1995! Perdeu o Estadual com aquele gol de barriga o quase aposentado Renato Gaúcho, foi eliminado da upercopa Libertadores pelo Independiente da Argenina e terminou o Brasileirão em 21º lugar entre 24 times e deem graças a Deus de só rebaixarem dois naquela poca).

resentão de aniversário – Foi humilhado pelo Botafogo om uma goleada de 6 a 0, em 15 de novembro de 1972, em no dia do seu aniversário.

lei, hei, hei! Cabañas é nosso rei! – Depois de vencer o América do México por 4 a 2 fora de casa na Libertadoes de 2008, foi atropelado no Maracanã por 3 a 0, com dois gols do carrasco Cabañas.

Cocada grátis – Aos 44 do segundo tempo, o folclórico Cocada, que tinha entrado dois minutos antes, manda um balaço de fora da área e decreta o título estadual do Vasco em 1988. E os torcedores passaram uma semana distribuindo cocada para a urubuzada.

Eterno vice

Trivice estadual – O Flamengo faturou os campeonatos estaduais de 1999, 2000 e 2001 em cima de quem? Para não humilhar tanto, vamos lembrar apenas o último dos três títulos, com aquela falta de Petkovic aos 43 do segundo tempo, que sacramentou o 3 a 1 e o trivice.

Roubado é mais gostoso – Márcio Araújo, impedido, empurrou para a rede aos 45 do segundo tempo, empatando o jogo e evitando o título estadual cruzmaltino em 2014. Flamengo campeão de novo. Vasco vice de novo.

Rebolou? Dançou! – Na primeira partida da decisão da Taça Guanabara de 1997, Edmundo rebolou na frente de Gonçalves, só para provocar. No jogo seguinte, o Botafogo venceu, conquistou o título e o Vice da Gama perdeu o rebolado.

Bivice mundial – O Vasco não se contenta com vice--campeonatos locais. Jogou duas finais do Mundial de Clubes, em 1998 e 2000, e perdeu as duas.

Timinho

Presente de Natal – Em 2014, sapecou 3 a 0 no América-RN e voltou de Natal com a classificação da Copa do Brasil na mala. No Maracanã, fez 2 a 1 no primeiro tempo e foi para o intervalo com o passaporte carimbado. Só por um desastre intergaláctico seria eliminado por três gols de diferença. Porém, a humilhação tarda mas não falha: o América virou para 5 a 2 e Fred ficou com cara de cone.

Pede música, Zico! – Depois de operar o joelho e ficar seis meses sem jogar, Zico voltou num Fla-Flu em 1986. O Fluminense queria o tetra estadual e a torcida não perdoou o camisa 10 rubro-negro: "Bichado! Bichado!". Mas o Galinho calou os tricolores: marcou três vezes e comandou a goleada por 4 a 1.

Água no chope – Jogando em casa, não conseguiu sair de um miserável 0 a 0 com o nanico Paulista na final da Copa do Brasil de 2005. Ficou sem título e sem vergonha na cara.

Cachorrada

Jejum de títulos – Botafoguenses nascidos no fim dos anos 60, das duas uma: ou viraram casaca, ou são masoquistas. Entre 1968 e 1989, o time não ganhou nem par ou ímpar.

Chororô – A chiadeira começou no Estadual de 2007 contra o Flamengo, quando o técnico Cuca, o presidente Bebeto de Freitas e todos os jogadores deram faniquito depois da final, dizendo que foram garfados. Desde então, é sempre assim: perdem e ficam de chororô.

O pior de todos – Entre os quatro grandes do Rio, é o que tem mais derrotas do que vitórias sobre os rivais nos confrontos diretos. E perde feio. Precisa ralar muito para superar um dos três.

Só acontece com o Botafogo – Foi massacrado pelo Fluminense por 7 a 1 no Estadual de 1994, no dia 29 de abril. Exatamente na mesma data, só que em 2001, foi encaçapado pelo Vasco por 7 a 0. E nas duas humilhações o técnico era Dé Aranha. Saravá, pé de pato, mangalô três vezes!

Está explicado — Foi culpa do Vasco o Brasil perder a final da Copa de 50. Nada menos do que oito jogadores cruzmaltinos estavam no plantel, sendo cinco titulares. Sem contar o técnico Flávio Costa. Ou seja, pode botar outro vice na conta.

Quem??? — Na Copa do Brasil, foram duas eliminações seguidas para verdadeiras potências do futebol! Em 2004, tomou uma sova de 3 a 0 do XV de Campo Bom, dentro de São Januário. Em 2005, perdeu outra vez em casa e pelo mesmo placar, só que dessa vez para o Baraúnas.

Cai-cai — Eita time para gostar de ser rebaixado nesses últimos tempos! Caiu em 2008, conseguiu voltar para a elite no ano seguinte, mas em 2013 foi goleado por 5 a 1 pelo Atlético Paranaense e foi parar de novo na segunda divisão.

Eurico Miranda — Melhor parar a zoação.

Hexavice — Aliás, o tal timaço dos anos 80 simple mente foi seis vezes vice no Estadual. Três vezes pa o Vasco (chupa!), duas para o Fluminense e uma para Botafogo.

Perda total — Em 1998, com o time de Romário se vencer há nove partidas, o presidente Kleber Leite tev uma ideia genial para o jogo contra a Portuguesa n Maracanã: prometeu devolver o dinheiro se o Flameng não vencesse. Resultado: Lusa 3 a 2 e 52 mil torcedore fazendo fila na bilheteria no dia seguinte.

Inacreditável FC — O inenarrável, o inesquecível, o ina creditável gol mais perdido da história do futebol mur dial: Deivid na semifinal da Taça Guanabara de 201 Vasco 2 a 1 e o Flamengo eliminado.

Silêncio na favela! — Final da Copa do Brasil de 200 Decisão no Maracanã lotado contra o inexpressivo Sant André, podendo até empatar por 0 a 0 ou 1 a 1. Títul certo, faltava só a volta olímpica. Mas não avisaram a time paulista, que meteu 2 a 0.

Toma lá, dá cá — Em 1981, recebeu de volta os 6 a 0 do Flamengo. E pagou dobrado: quatro anos depois, o rubro--negro goleou por 6 a 1.

Segundona — Não só foi rebaixado no Brasileirão de 2002, como ficou na última posição num campeonato com 26 clubes. Chegou a ser goleado pelo Juventude por 4 a 0 em pleno Maracanã. Deve ter gostado da segunda divisão, porque caiu outra vez em 2014.

Ahn? Libertadores? — O torcedor alvinegro não sabe direito o que é isso, não. Só disputou quatro vezes (e duas delas há mais de quarenta anos, nem contam).

E Sul-Americana??? — Também sempre amarela e dá vexame. Em 2007, vencia o River Plate por 2 a 1 até os 29 do segundo tempo. Tinha um jogador a mais e podia perder por um gol de diferença. Mas conseguiu levar uma virada de 4 a 2. Em 2008, foi eliminado no Engenhão pelo Estudiantes. E, em 2011, levou uma goleada de 4 a 1 do Santa Fé. Pede pra sair, Foguinho!

Freguês — Quase ninguém tinha ouvido falar em LDU (sim, é um time de futebol), mas o Fluminense não ficou satisfeito em perder a final da Libertadores para os equatorianos em 2008. No ano seguinte, pela Sul--Americana, foi trucidado por 5 a 1.

Ão, ão, ão! Só no tapetão! — Todo mundo viu que o Fluminense foi rebaixado em 1996. Menos a CBF, que virou a mesa para ninguém cair.

Ão, ão, ão! Segunda divisão!!! — Mas aquele timinho era teimoso e em 1997 repetiu a campanha pífia. Dessa vez não teve champanhe para estourar: caiu mesmo.

Ão, ão, ão! Terceira divisão!!! — E o que era bom ficou ainda melhor em 1998! Depois de perder para ABC, Juventus e Paysandu, o time conseguiu a proeza de ser rebaixado para a Terceirona!

Ão, ão, ão! Rei do tapetão! — Quem bate um bolão mesmo são os cartolas tricolores. Em 2000, resgataram o time da terceira para a primeira divisão, sem escala na Segundona. E não vamos nem comentar 2013, quando a Portuguesa pagou o pato para o Fluminense permanecer na Série A.

Circuitos para manter a boa forma

COM TANTA BELEZA EM VOLTA, se você corre ou caminha em esteira, disfarce e pule esta página. O Rio, perdoem o clichê, é um convite à boa forma (ainda que os persistentes assaltos e arrastões às vezes convidem para uma vida sedentária).

Lagoa

7,5 quilômetros uma volta completa. Tem marcações no chão a cada cem metros.

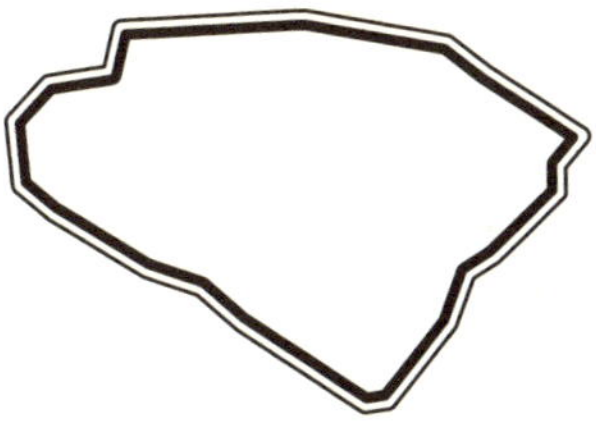

Maracanã

1,8 quilômetro uma volta completa pela pista que contorna o estádio.

Aterro do Flamengo

4,4 quilômetros do monumento a Estácio de Sá (aquele obelisco em forma de pirâmide, na altura da avenida Rui Barbosa) até quase a cabeceira do Santos Dumont. Se o percurso começar no início da enseada de Botafogo, em frente à churrascaria Fogo de Chão, dá 6,5 quilômetros.

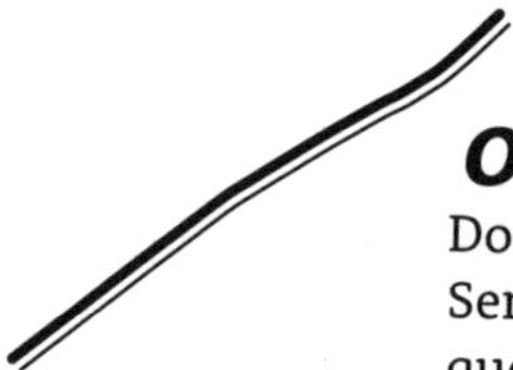

Orla da Barra

Do quebra-mar até a altura da avenida Ayrton Senna, ida e volta, são 14,2 quilômetros. Para quem quer ficar só no trecho da avenida do Pepê, no início da praia, são 3,5 quilômetros ida e volta.

Quem treina para maratona pode fazer um bate-volta do quebra-mar à praça do Pontal: são 37 quilômetros

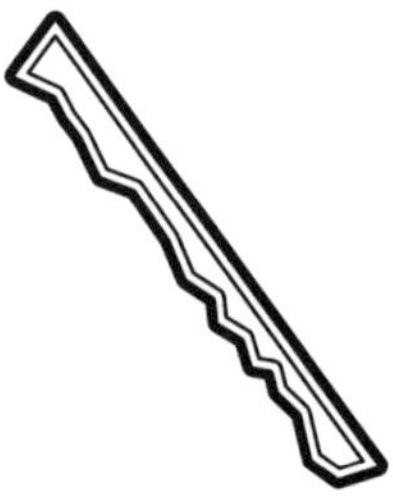

Parque Madureira

2,7 quilômetros uma volta completa por dentro do parque.

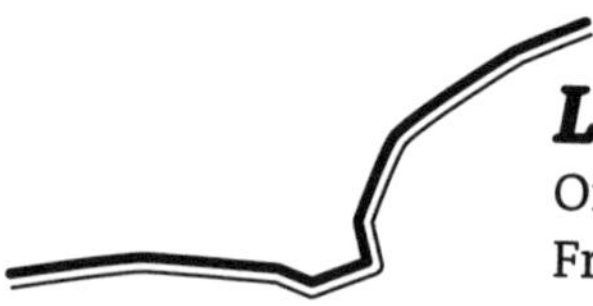

Leblon ao Leme

Oito quilômetros de uma ponta à outra. A rua Francisco Otaviano, no Arpoador, é exatamente a metade do circuito e o único pedaço que não beira o mar.

Circuito:
Distância percorrida:
Tempo:
Ritmo:
Calorias:

Circuito:
Distância percorrida:
Tempo:
Ritmo:
Calorias:

Circuito:
Distância percorrida:
Tempo:
Ritmo:
Calorias:

Quinta da Boa Vista

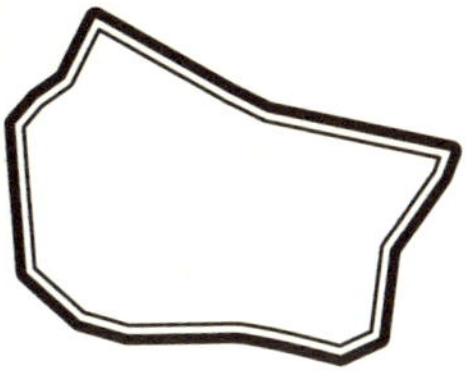

2,4 quilômetros uma volta pelo circuito mais longo, que passa rente às grades do parque e na frente do zoológico. Um outro percurso muito usado é o que pega o caminho da entrada principal, passa por trás do Museu Nacional e contorna o lago dos pedalinhos, até voltar à entrada. Esse dá 1,8 quilômetro.

Pista Claudio Coutinho (Urca)

2,5 quilômetros ida e volta.

Jardim Botânico

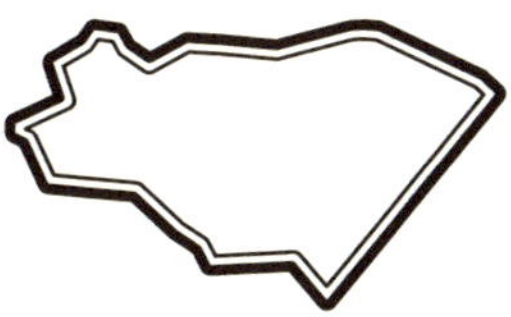

O percurso mais longo pelas aleias que contornam o parque e vão até o orquidário dá 2,4 quilômetros. Para quem gosta de variar o trajeto costurando ipês, vitórias-régias, jequitibás e as célebres palmeiras imperiais, há uma infinidade de outras possibilidades. Mas tem que pagar ingresso. Só maiores de sessenta anos (e menores de sete) entram de graça.

Circuito:
Distância percorrida:
Tempo:
Ritmo:
Calorias:

Circuito:
Distância percorrida:
Tempo:
Ritmo:
Calorias:

Circuito:
Distância percorrida:
Tempo:
Ritmo:
Calorias:

Onde praticar esportes que a gente só vê nas olimpíadas

Esgrima

Clube Ginástico Português — Av. Graça Aranha, 187, Centro. Tel. 3380-3600.
Clube Militar da Lagoa — Rua Jardim Botânico, 391. Tel. 2197-8888.

Hóquei sobre grama

Treino no **parque Madureira** às terças e quintas, às 20h, e aos sábados pela manhã.
Clube Germânia — Rua Antenor Rangel, 210, Gávea. Tel. 2274-2598.

Pentatlo moderno

(esgrima, natação, hipismo, corrida e tiro a laser)
Círculo Militar — Estrada São Pedro de Alcântara, 2020, Vila Militar, Deodoro.

Rúgbi

Treino todas as terças e quintas, às 19h45, na **praia de Ipanema**, entre os postos 8 e 9.

Luta olímpica

(estilos livre e greco-romana)
Jequiá Iate Clube — Praia do Zumbi, 28, Ilha do Governador. Tel. 3596-4584.
Rio Sparta Clube — Ladeira dos Tabajaras, 681, morro dos Cabritos, Copacabana. Tel. 97816-5215.
Centro de Treinamento da Confederação Brasileira de Lutas Associadas — Rua Bom Pastor, 106, Tijuca. Tel. 3242-5543.

Badminton

Miratus Centro de Treinamento de Badminton — Estrada Comandante Luís Souto, 452, Tanque, Jacarepaguá. Tel. 2456-4947.
Associação Nikkei do Rio de Janeiro — Rua Cosme Velho, 1166. Tel. 2556-9010.

Levantamento de peso

Centro de Treinamento Freguesia — Estrada do Quitite, 362, Freguesia, Jacarepaguá. Tel. 3413-1338.
Instituto Mangueira do Futuro — Rua Santos Mello, 73, São Francisco Xavier. Tel. 2218-5238.
Clube de Natação e Regatas Santa Luzia — Avenida Almirante Sílvio de Noronha, 300, Centro. Tel. 2220-8580.

Ciclismo de estrada

Ciclistas se reúnem no **Aterro** para treinar às terças e quintas-feiras, das 4h às 5h30 da matina. Aos domingos, com as pistas fechadas, o treino é das 7h às 8h30. Há treinos diários também **entre o Pontal e a Prainha**.

Tiro com arco

Associação Atlética Portuguesa Carioca – Rua Haroldo Lobo, 400, Portuguesa, Ilha do Governador. Tel. 99785-1373.
Club Municipal – Rua Haddock Lobo, 359, Tijuca. Tel. 99492-7661.
Pontal Country Clube – Estrada do Pacuí, 200, Vargem Grande. Tel. 3432-9780.

Bom pra cachorro

A POPULAÇÃO DE CACHORROS NO BRASIL é de 52,2 milhões, segundo o IBGE. Mais do que as 44,9 milhões de crianças de até catorze anos. No Rio, estima-se que 35% dos domicílios tenham ao menos um cão. Sorte deles, que contam com fartas opções de lazer na cidade. Estão proibidos de frequentar a praia do Diabo, a última que (oficialmente) permitia a presença da cachorrada. Mas tudo bem, o parque aquático canino está aí para isso.

Parque aquático

Além de uma enorme piscina, o Park Clube do Totó tem espaço para festas de aniversário, área de convivência para cães da mesma raça, pista de exercícios, centro de tratamento de beleza e até um santuário em homenagem a São Francisco de Assis, o protetor dos animais. O acesso é pelo clube Ginástico Português, na avenida Djalma Ribeiro, s/nº, Recreio.

Bar

Enquanto você toma uma caipirinha num dos pontos mais badalados de Ipanema, seu cachorro ganha um pote com água fresca no Dog Lounge do Complex Esquina 111, que oferece também biscoitinhos caninos. Fica na rua Maria Quitéria, 111, Ipanema.

Centro de estética

Que tal uma hidratação com chocolate para a cadelinha? O Pet Center Marginal (avenida Ayrton Senna, 3437, Barra) oferece os mais diferentes tratamentos estéticos.

Shopping
Mais do que permitir a entrada de cães (vários shoppings já aceitam), o Rio Design Leblon oferece carrinhos para eles acompanharem as compras de seus donos com mais conforto. Já o chiquérrimo Village Mall, na Barra, além dos carrinhos, tem bebedouros especiais, os Dog's Bar, acionados pelos pés humanos.

Creche com academia
Apesar do serviço, não é só para filhotes. Cachorros de qualquer idade podem passar o dia na creche do Rio Pet Hotel (rua Dr. Dilermando Cruz, 142, Tijuca), com direito a natação na piscina e caminhada na esteira.

Parcão
Algumas praças e parques têm áreas fechadas para a cachorrada se divertir que nem pinto no lixo. Três opções espalhadas pela cidade: Freguesia (rua Geminiano Gois, altura do nº 602), Lagoa (avenida Epitácio Pessoa, próximo ao Corte do Cantagalo) e Tijuca (praça Xavier de Brito, mais conhecida como praça dos... Cavalinhos!).

Restaurante delivery
Se bater uma tremenda preguiça no seu cão, mas ainda assim ele quiser comer bem, basta um telefonema. O PetChef (tel. 2234-2398) tem serviço de delivery com pratos saudáveis e cardápio variado, feito de acordo com cada perfil canino.

Hotel fazenda
Numa espetacular área verde, com vários tipos de plantas e flores, o Bon Voyage Hotel tem piscina, quintais independentes para os cães dormirem e ainda araras, cisnes e outros bichos (que não são hóspedes, mas sim atrações para os cachorros se sentirem no campo). Tem espaço com ar-condicionado para os dias mais quentes e é todo monitorado por câmeras. Estrada da Covanca, 1895, Jacarepaguá.

Aplicativos úteis

Bike Rio

É a chave para usar as bicicletas laranjinhas. Você faz um cadastro, escolhe se quer comprar um passe diário ou mensal e retira uma bike em qualquer um dos mais de 250 pontos espalhados pela cidade. O app é atualizado em tempo real: informa quantas estão disponíveis naquele momento e as estações mais próximas.

Rio ao Vivo

A melhor coisa desse Big Brother carioca é conferir se tem onda em praias como Ipanema, Barra e Macumba. O aplicativo mostra imagens em tempo real de mais de trinta câmeras. Dá para ver também se o Baixo Gávea está bombando.

Agenda Carioca

Útil para turistas, mas principalmente para cariocas, porque reúne dicas específicas e aqueles segredos que a gente só divide com amigos. Fala de pratos de restaurantes, lojas transadas e programas lado B para fazer a dois ou em família. Traz também contatos de profissionais e serviços, que vão de decoradores e DJs badalados até aluguel de fantasias e lugares zen para praticar ioga. É a versão para celular do antenado site/guia de Antônia Leite Barbosa.

A Carioca

Outro aplicativo que passa longe do óbvio. É uma extensão do guia homônimo, criado pela turma descolada do site RIOetc. Traz tendências da moda na cidade e sugestões para ser carioca com estilo. Oferece ainda dicas de lojas off, programas a céu aberto, galerias de arte, bares, noitadas, hostels... E com a possibilidade de buscar as melhores atrações à sua volta.

Metrô Fácil

Vários aplicativos mostram mapas com linhas e estações do metrô. O bom desse é acompanhar onde está cada composição, até para saber se dá tempo de correr para pegar. Traz também o tempo estimado do trajeto, incluindo as estações para fazer transferência (ou integrações) e outros serviços disponíveis no entorno delas.

Meu Saara

App simples, mas uma verdadeira bússola para encontrar lojas na tumultuada Saara. Reúne cerca de duzentos estabelecimentos, divididos por segmento e com mapa de localização.

Rio de Machado

Ótima ideia criada a partir da obra de Machado de Assis, escritor que não se cansava de falar do Rio. O aplicativo apresenta cem lugares narrados nos nove romances de Machado: ruas, praias, morros, prédios importantes... Todos trazem o trecho citado no livro, uma foto antiga e informações históricas. É quase um roteiro de época, com textos curtos e saborosos. E você ainda pode baixar os romances de graça.

Igrejas do Rio

Um guia completo de igrejas, paróquias e capelas. Reúne endereços, telefones, distâncias de cada uma, o padre responsável e, o mais importante para os fiéis, os horários das missas. Algumas ainda incluem os dias de batismo, casamento, catequese e confissão.

Moovit

É o único app gringo da lista, porém o mais eficiente para quem usa ônibus: relaciona todas as linhas da cidade (incluindo os BRTs), trajetos, horário de chegada nos pontos, tempo estimado das viagens e mudanças de itinerário por conta de obras — coisa comum no Rio. Ainda permite avaliar o motorista e se o ônibus está lotado demais.

O Rio no cinema

Cidade de Deus *(Brasil, 2002)*
Apesar dos ótimos personagens, o protagonista do filme aclamado pela crítica mundial é a própria favela da Zona Oeste. Fernando Meirelles narra a história da Cidade de Deus desde o surgimento nos anos 60, como um conjunto habitacional, até se tornar um dos lugares mais perigosos do Rio na década de 80, dominado pelo crime organizado. Parte do elenco foi formada por moradores de comunidades cariocas.

007 contra o foguete da morte *(Reino Unido, 1979)*
O 11º filme da série de James Bond, com Roger Moore, é um dos mais fraquinhos, mas a culpa não é do Rio, cenário de várias sequências. A melhor delas é a divertida briga entre o agente secreto e o gigante Jaws, o Dentes de Aço (Richard Kiel), no bondinho do Pão de Açúcar, que fez o cartão-postal ficar mais popular do que já era.

Rio, 40 graus *(Brasil, 1956)*
Nelson Pereira dos Santos filmou uma crônica nua e crua da cidade. Rodado nas ruas, com pessoas reais fazendo figuração, a trama acompanha cinco meninos vendedores de amendoim. Eles se espalham por lugares como Corcovado e Maracanã para juntar dinheiro e comprar uma bola. O filme chegou a ser censurado pelo governo, sob a alegação de que o título era mentiroso: a temperatura no Rio nunca havia atingido os quarenta graus.

Madame Satã *(Brasil, 2002)*
Inteiramente filmado na Lapa e arredores, reproduz com incrível fidelidade a atmosfera do Rio nos anos 30 para contar a história de João Francisco dos Santos, o Madame Satã (Lázaro Ramos), um dos personagens mais controversos da cidade.

Velozes e furiosos 5 – Operação Rio *(Estados Unidos, 2011)*
O quinto filme da milionária franquia trouxe para a cidade a turma de Vin Diesel e Paul Walker. O MAM aparece como se fosse o Galeão e no Leblon existe um galpão onde vivem perigosos traficantes. Até aí, a gente aceita as concessões. Mas, quando você descobre que o Rio tem um deserto e que Copacabana é repleta de viadutos, não dá mais para tratar como filme de ação. É comédia mesmo.

Assalto ao trem pagador *(Brasil, 1962)*
Baseado num assalto real, o filme com Eliézer Gomes, Reginaldo Faria e Grande Otelo tem várias tomadas feitas nas ruas dos anos 60. A Central do Brasil — de onde parte o trem — ainda era um prédio imponente, a praia de Copacabana não havia sido aterrada e a pista da Atlântica não era duplicada.

Todas as mulheres do mundo *(Brasil, 1966)*
Outro filmaço que passeia pela Zona Sul dos anos 60, onde o jornalista garanhão vivido por Paulo José circula para conquistar belas moças. Foi a estreia como diretor de Domingos de Oliveira, que admitiu ter feito essa comédia tipicamente carioca para tentar reconquistar Leila Diniz, sua ex-mulher e protagonista da história.

Rio *(Estados Unidos, 2011)*
É o longa que mais exibe cartões-postais da cidade, mas tudo de mentirinha. O diretor Carlos Saldanha reconstruiu o Rio digitalmente para contar a aventura da arara-azul Blu. A Vista Chinesa, os arcos da Lapa, o bondinho de Santa Teresa, o Maracanã, as praias e até o desfile no Sambódromo impressionam pela perfeição e riqueza de detalhes. Sucesso internacional, ganhou uma sequência em 2014.

Orquídea selvagem *(Estados Unidos, 1989)*
A história é passada no Rio. Mas Mickey Rourke entra de carro no túnel do Joá e sai no Pelourinho. Precisa dizer mais?

O incrível Hulk *(Estados Unidos, 2008)*
Bruce Banner (Edward Norton) vai morar escondido num morro carioca, enquanto pesquisa a cura para a sua transformação na criatura verde. As cenas foram rodadas na favela Tavares Bastos, no Catete, que na trama é chamada de Rocinha. Também foram locações a praia de Ipanema, a Lapa e a floresta da Tijuca, mas depois da primeira parte a ação sai do Rio.

Interlúdio *(Estados Unidos, 1946)*
Até Hitchcock tem um filme com sotaque carioca. Devlin (Cary Grant) é um agente americano que contrata Alicia (Ingrid Bergman) para espionar nazistas no Rio. A partir daí, Corcovado, Cinelândia e praia de Copacabana são cenários que aparecem o tempo todo. Mas ninguém do elenco esteve na cidade. As imagens externas foram feitas antes, sob orientação do mestre do suspense, e depois projetadas no estúdio onde os atores filmaram.

Orfeu negro *(Brasil/França/Itália, 1959)*
Ganhamos o Oscar, mas não levamos. Apesar de ser uma produção ítalo-franco-brasileira, a Academia preferiu considerá-la apenas francesa. E logo num filme com algumas das mais belas tomadas já feitas do Rio. Sem contar que o elenco é brasileiro, a trama se passa durante o Carnaval e a trilha reúne canções dos nossos craques Tom Jobim, Antônio Maria, Luiz Bonfá e Vinicius de Moraes, cuja peça inspirou o longa.

Tropa de Elite *(Brasil, 2007)*
Tráfico de drogas nas favelas, corrupção da polícia, Bope, caveirão e a violência urbana do Rio fazem parte de um pacote extremamente realista que o diretor José Padilha fez explodir nas bilheterias. O capitão Nascimento, osso duro de roer, transformou Wagner Moura no grande anti-herói do cinema moderno. A sequência, lançada em 2010, foi um sucesso ainda maior e o recorde de público em filmes nacionais: 11 milhões de espectadores.

A grande cidade *(Brasil, 1966)*
Antes mesmo dos primeiros créditos, o filme já traz uma sequência de cenas do Rio, onde uma jovem vinda do Nordeste chega para tentar encontrar seu noivo — que virou bandido numa favela. Depois desse longa, Cacá Diegues ambientou vários outros na cidade, como *Um trem para as estrelas* (1987) e *Orfeu* (1999).

Rio, eu te amo *(Brasil/Estados Unidos, 2014)*
Terceiro filme da série Cities of Love, reúne dez curtas de diretores de diferentes países. Se sobram cartões-postais nas histórias, falta o espírito carioca. Ficou parecendo um mero panfleto turístico. Os filmes de Paris e Nova York dão um banho.

Como ser solteiro *(Brasil, 1998)*
É puro água com açúcar, mas impossível não associá-lo à cidade, à música do Cidade Negra e a Heitor Martinez, o solteiro no Rio de Janeiro. Na tela, um desfile de figuras cariocas, como Bussunda, Evandro Mesquita, Fernando Gabeira, Marcelo D2...

Babilônia 2000 *(Brasil, 2000)* e **Edifício Master** *(Brasil, 2002)*
O documentarista Eduardo Coutinho revelou a essência dos cariocas em duas pérolas. O primeiro, rodado nas últimas horas de 1999, mostra os preparativos dos moradores do morro da Babilônia para o réveillon. O segundo mergulha no cotidiano de um edifício com 276 conjugados que fica a um quarteirão da praia de Copacabana.

Feitiço do Rio *(Estados Unidos, 1984)*
Meio trash, meio pornochanchada, é protagonizado por Michael Caine e, de tão absurdo, chega a ser divertido: todas as mulheres desfilam de topless nas praias de Ipanema e Copacabana (inclusive Demi Moore, em início de carreira), enquanto macacos e papagaios são bichos de estimação comuns no Rio. José Lewgoy, Rômulo Arantes e outros atores brasileiros fazem pontas.

Central do Brasil *(França/Brasil, 1998)*
Tudo bem que a maior parte da história se passa no Nordeste, mas o nome e o ponto de partida não poderiam ser mais cariocas. Nas primeiras filmagens no saguão da Central, algumas pessoas se aproximaram de Fernanda Montenegro pedindo que ela escrevesse uma carta de verdade.

Rio Babilônia *(Brasil, 1982)*
Drama erótico-profético, que no início dos anos 80 já tratava de temas como a relação entre o asfalto e a favela, o comércio de drogas e a corrupção escancarada. Tudo em meio a orgias, marca registrada do diretor Neville D'Almeida, que também mostrou o Rio em seu maior sucesso de bilheteria: *A dama do lotação*, adaptação da história de Nelson Rodrigues.

Para assistir sem pretensão, tomando um chopinho

E aí, comeu? *(2012)* — Bruno Mazzeo, Marcos Palmeira e Emilio Orciollo Netto traduzem na mesa de bar o espírito machista carioca.

Menino do Rio *(1982)* — Praia, surfe e a juventude dourada da Zona Sul num clássico dos anos 80.

Vai trabalhar, vagabundo! *(1973)* — O malandro Hugo Carvana circula por Copacabana, pelo Aterro, anda de bonde em Santa Teresa e pega a barca Rio-Niterói.

Cinco chanchadas carioquíssimas: **Carnaval Atlântida** (1952), com Oscarito, Grande Otelo e José Lewgoy | **Sinfonia carioca** (1955), com Silvia Fernanda, Eliana e Anselmo Duarte **Rio Fantasia** (1957), com Eliana, John Herbert e Trio Irakitan | **Rico ri à toa** (1957), com Zé Trindade e Violeta Ferraz | **O homem do Sputnik** (1959), com Oscarito, Zezé Macedo e Cyll Farney

E se você fosse o Bonequinho, com tanto filme sobre o Rio?

O Bonequinho do jornal *O Globo* apareceu pela primeira vez em 1938 e hoje é a maior referência de crítica de cinema no país. O primeiro traço foi criação do cartunista Luiz Sá. Em 1978, ganhou a silhueta definitiva pelas mãos de Marcelo Monteiro

odeio
cinema de
shopping.
sempre sai
mais caro!

Cinemas de rua que não voltam mais

OS MULTIPLEX DE SHOPPINGS que nos desculpem, mas cinema de rua é muito mais charmoso. Nos anos 60, em seu auge, o Rio chegou a ter 198 cinemas — e 62 deles com mais de mil lugares. Peguem o lenço, solucem de saudade, porque estes aqui não tiveram final feliz.

Ideal (1909 a 1961) | Rua da Carioca, 60, Centro | 1027 lugares **Atualmente:** Fechado, depois de funcionar como boate LGBT até o fim de 2014

Metro Passeio (1936 a 1964) | Rua do Passeio, 62, Centro | 1821 lugares **Atualmente:** Um prédio comercial

Depois virou Metro Boavista (1969 a 1997)

Coliseu (1938 a 1972) | Avenida Ministro Edgar Romero, 37, Madureira | 3000 lugares **Atualmente:** Loja de malas Bagaggio

Cine Vaz Lobo (1940 a 1982) | Estrada Vicente de Carvalho, 4 | 1884 lugares **Atualmente:** Fechado, mas uma das herdeiras do cinema mora na parte de cima. O prédio foi tombado depois que o projeto da Transcarioca, que passaria exatamente ali, foi alterado e evitou sua demolição

Olinda (1940 a 1972) | Praça Saens Peña, 51, Tijuca | 3500 lugares (o maior cinema que o Rio já teve) **Atualmente:** Shopping 45

Cine Irajá (1941 a 1983) | Avenida Monsenhor Félix, 454 | 1146 lugares **Atualmente:** Igreja Universal do Reino de Deus

Metro Tijuca (1941 a 1977) | Rua Conde de Bonfim, 366 | 1785 lugares **Atualmente:** Loja da C&A

Metro Copacabana (1941 a 1977) | Avenida Nossa Senhora de Copacabana, 749 | 1708 lugares **Atualmente:** Outra loja da C&A

Astória (1942 a 1963) | Rua Visconde de Pirajá, 595, Ipanema | 2147 lugares **Atualmente:** Edifício Palácio Astória, que tem uma galeria no térreo. Apesar do nome, não se trata do mesmo prédio do cinema, que foi demolido

Vitória (1942 a 1993) | Rua Senador Dantas, 45, Centro | 1269 lugares
Atualmente: Livraria Cultura

Rian (1942 a 1983) | Avenida Atlântica, 2964, Copacabana | 1130 lugares
Atualmente: Hotel Pestana Rio Atlântica

Azteca (1951 a 1973) | Rua do Catete, 288 | 1780 lugares
Atualmente: Galeria de lojas Catete 228

Imperator (1954 a 1985) | Rua Dias da Cruz, 170, Méier | 3300 lugares
Atualmente: Reabriu em 2012 com o nome de Imperator Centro Cultural João Nogueira, que até tem três salas, mas a maior com reles 164 lugares

Ricamar (1958 a 1994) | Avenida Nossa Senhora de Copacabana, 360 | 829 lugares **Atualmente:** O edifício Ricamar ainda existe, mas a área do cinema foi fatiada em três lojas

Ópera (1959 a 1994) | Praia de Botafogo, 340 | 1600 lugares
Atualmente: Casa & Vídeo

Paissandu (1960 a 2008) | Rua Senador Vergueiro, 35, Flamengo | 742 lugares (com cinquenta lugares para fumantes) **Atualmente:** Fechado

Veneza (1963 a 1994) | Avenida Pasteur, 184, Botafogo | 960 lugares
Atualmente: Centro Cultural Veneza, que, apesar do nome, é um espaço para festas e eventos

Dois drive-ins

Cine Lagoa Drive-In (1966 a 1993) | Avenida Borges de Medeiros, 1426 | 450 carros **Atualmente:** Escombros da Estação do Corpo, mas em breve será construído o Parque Radical da Lagoa

Ilha Auto Cine (1975 a 2007) | Praia de São Bento, s/nº, Ilha do Governador | 400 carros **Atualmente:** Fechado

Os que restaram:

Odeon (1926)
Praça Floriano, 7, Centro

Roxy (1938)
Av. Nossa Senhora de Copacabana, 945

Leblon (1951)
Av. Ataulfo de Paiva, 391

Estação Net Botafogo (1985)
Rua Voluntários da Pátria, 88

Estação Net Rio (1996)
Rua Voluntários da Pátria, 35

Cine Santa (2003)
Rua Paschoal Carlos Magno, 136, Santa Teresa

Espaço Itaú de Cinema (2006)
Praia de Botafogo, 316

CineCarioca Nova Brasília (2010)
Rua Nova Brasília, s/nº, Bonsucesso

E os "quase cinemas de rua" (ficam dentro de galerias à moda antiga, que a gente também curte):

Estação Net Ipanema (2000)
Rua Visconde de Pirajá, 605

Kinoplex São Luiz (1937)
Rua do Catete, 311

Cine Joia (2011)
Av. Nossa Senhora de Copacabana, 680, subsolo

O **Joia** original, inaugurado em 1970, é um caso único de cinema que fechou, virou igreja e voltou a ser cinema

Como enquanto há vida há esperança, aqui você ajuda a escrever a história dos novos cinemas de rua que possam surgir:

Deixou saudade

ANOS 40

Praça Onze (1941), a praça, não o bairro

Park Royal (1943)

Enorme magazine que simbolizava elegância. Foi inaugurado em 1873, no largo de São Francisco, e teve a primeira escada rolante do Rio. Fechou depois de um grande incêndio e infelizmente nunca mais reabriu.

Cassino da Urca (1946)

ANOS 50

Pavilhão Mourisco (1951)

Boate Vogue (1955)

Maior reduto da noite social e cultural do Rio, recebeu grandes artistas, as mulheres mais cobiçadas e os donos das contas bancárias mais gordas. Tudo ao som do piano de Sacha Rubin, marca registrada da casa e que mais tarde teria sua própria boate. Abriu em 1946, na avenida Princesa Isabel, e também foi destruída por um incêndio.

Galeria Cruzeiro no térreo do Hotel Avenida (1957)

ANOS 60

Mercado Municipal da praça Quinze (1963)

Zicartola (1965)

As Certinhas do Lalau (1967)

Tabuleiro da Baiana (1968)

Ficava no largo da Carioca e servia de ponto final para os bondes elétricos. Foi posto abaixo porque não fazia mais sentido: a última viagem regular de bonde havia acontecido um ano antes.

Theatro Recreio (1969)

ANOS 70

Festival Internacional da Canção (1972)

Correio do Amanhã (1974)

Palácio Monroe (1976)

A maior brutalidade contra a arquitetura que a cidade já viu. Erguido em 1906 como uma das mais belas construções do país, foi sede do Senado entre 1926 e 1960. Quando a capital foi para Brasília, o prédio passou para as Forças Armadas. Em 1976, foi demolido sob a absurda alegação de que atrapalhava a construção da estação Cinelândia do metrô. De dar raiva.

Boate Regine's (1980)

ANOS 80

Asdrúbal Trouxe o Trombone (1983)

Quem formava o núcleo do Asdrúbal: Regina Casé, Evandro Mesquita, Hamilton Vaz Pereira, Patricya Travassos, Nina de Pádua, Luiz Fernando Guimarães e Perfeito Fortuna.

Noites Cariocas no Morro da Urca (1985)

Roxy Roller (1985)

Ducal, o primeiro nome em roupas (1986)

Angélico e Diabólico, os melhores sanduíches do Gordon (1987)

Crepúsculo de Cubatão (1989)

Frapê de Coco do Bar Simpatia (1990)

Casa Tavares (1990)

ANOS 90

Electra nos voos da ponte aérea (1992)

Tivoli Park (1995)

A roda-gigante tinha um volante para poder girar a cabine em 360 graus. Na primeira montanha-russa, de estrutura vermelha, os carrinhos eram pintados com as cores e marcas de Coca-Cola, Guaraná Taí e Fantas Laranja, Uva e Limão. Depois construíram a montanha-russa amarela, com loop. O trem fantasma, de três andares, tinha na frente do carrinho o rosto de um monstro e atrás, um grande bumbum de fora. Já no Castelo das Bruxas você entrava a pé, na maior escuridão. E sai correndo que lá vem Conga, a mulher-gorila!

As arbitragens divertidas de **Jorge Emiliano dos Santos, o Margarida** (1995)

Hollywood Rock (1996)

Festa Val-Demente (1996)

Coluna do Zózimo (1997)

Antonio's (1997)

Mesbla da rua do Passeio (1999) — Mas o relógio continua lá!

Casa da Mãe Joana ainda no sobrado de São Cristóvão (1999)

ANOS 2000

Geral do Maracanã (2005)

Fábrica de Tecidos Bangu (2005)

Ballroom (2005)

Bunker 94 (2006)

Garage (2007)

Frango com quiabo do Penafiel (2008)

Concurso de fantasias do Hotel Glória (2008)

Restaurante Alho e Óleo (2008)

Mistura Fina da Lagoa (2009)

Modern Sound (2010)

Edição impressa do *Jornal do Brasil* (2010)

Cinemathèque (2010)

Café Ubaldo da livraria Letras & Expressões (2010)

O último jogo com a geral foi a vitória do Fluminense por 2 a 1 sobre o São Paulo, em 2005, com dois gols de Tuta.

Charles Miller ganhou os louros, mas extraoficialmente foi o escocês Thomas Donohoe quem apresentou a bola de futebol ao Brasil e promoveu por aqui a primeira pelada. Ele veio trabalhar na inauguração da Fábrica Bangu, em 1893, e, um ano depois, reuniu os operários para ensinar o football.

ANOS 2010

Sundae da Chaika de Ipanema (2011)

Caroline Café (2013)

____

____

____

____

____

____

Cemitério São João Batista

SE A VISITA A CEMITÉRIOS É UMA ATRAÇÃO mundo afora, o São João Batista merece ser explorado além do Dia de Finados. Inaugurado em 1852, ele abre para curiosos toda segunda-feira e, uma vez por mês, promove passeios guiados pelo historiador Milton Teixeira. São 183 mil metros quadrados e mais de uma centena de jazigos famosos. Até 2012 estava lá, inclusive, o corpo da menina Odetinha, que foi exumado a pedido do Vaticano. Em breve ela pode se tornar a primeira santa carioca.

Braguinha
(1907 - 2006)
Aléa 7, nº 197

Ary Barroso
(1903 - 1964)
Aléa 6, nº 476

Cazuza
(1958 - 1990)
Aléa 5, nº 1724E-1

Chacrinha
(1917 - 1988)
Quadra 2, nº 3511-A

Carlos Drummond de Andrade
(1902 - 1987)
Quadra 18, nº 19099

Cândido Portinari
(1903 - 1962)
Quadra 43, nº 18144

Carmen Miranda
(1909 - 1955)
Aléa 5, nº 1724E-1

Clara Nunes
(1942 - 1983)
Quadra 5, nº 21952

É o mais visitado. A cantora se tornou uma espécie de santa popular. Seu túmulo está sempre enfeitado e lotado de placas de pessoas que agradecem pelas graças alcançadas.

Cecília Meireles
(1901 - 1964)
Quadra 13, nº 8951

Oscar Niemeyer
(1907-2012)
Quadra 3, nº 10387

Bussunda
(1962 - 2006)
Aléa Principal, nº 20503

João do Rio
(1881 - 1921)
Quadra 37, nº 5852-B

Luís Carlos Prestes
(1898-1990)
Aléa Principal, nº 24004

Donga
(1890 - 1974)
Quadra 15, nº 1759

Nara Leão
(1942 - 1989)
Quadra 28, nº 22280

Clementina de Jesus
(1901 - 1987)
Quadra 19, nº 16032

Dorival Caymmi
(1914 - 2008)
Aléa 8, nº 23967

Nelson Gonçalves
(1919 - 1998)
Quadra 38, nº 1146-A

Nelson Rodrigues
(1912 - 1980)
Quadra 43, nº 18340-A

Glauber Rocha
(1939 - 1981)
Aléa 12, nº 4988A

Tom Jobim
(1927 - 1994)
Aléa Principal, nº 24013

Olavo Bilac
(1865 - 1918)
Jardim, nº 5230

Villa-Lobos
(1887-1959)
Quadra 18, nº 17942

Roberto Marinho
(1904 - 2003)
Jardim, nº 260-F

Vinicius de Moraes
(1913 - 1980)
Quadra 30, nº 366-C

Janete Clair
(1925 - 1983)
Aléa 1, nº 19993

meu sonho é morar no Leblon.
o meu é morar no Leblon do Manoel Carlos.

O Leblon de Manoel Carlos

MELHOR EVITAR O LEBLON se uma novela de Manoel Carlos estiver no ar. Dois ou três quarteirões à frente vão ter ruas interditadas para externas, trânsito caótico e um congestionamento de paparazzi.

História de amor

Foi a primeira novela em que o autor apostou no Leblon como cenário principal. E quase tudo girava em torno de Assunção, personagem esportista de Nuno Leal Maia, figura popular no bairro, que jogava vôlei na praia, na rede em frente ao Hotel Marina.

Período de exibição: 03/07/1995 - 02/03/1996 (209 capítulos) **Horário:** 18h
Elenco principal: Regina Duarte, José Mayer, Carla Marins, Lilia Cabral, Nuno Leal Maia, Carolina Ferraz, Eva Wilma, Bia Nunnes e José de Abreu

Por amor

Boa parte do elenco morava e trabalhava no bairro. A casa de Helena (Regina Duarte) era lá, assim como o escritório de decoração que ela dividia com Flávia (Maria Zilda). Mas o que aparecia capítulo sim, capítulo não era a praia. Ângela Vieira, Odilon Wagner, Gabriela Duarte, Fábio Assunção, Maria Ceiça, a própria Regina... quase todo mundo gravou no calçadão.

Período de exibição: 13/10/1997 - 22/05/1998 (190 capítulos) **Horário:** 20h40
Elenco principal: Regina Duarte, Antônio Fagundes, Gabriela Duarte, Susana Vieira, Fábio Assunção, Carolina Ferraz, Eduardo Moscovis, Carolina Dieckmann e Vivianne Pasmanter

Laços de família

A novela que consagrou de vez o bairro nas histórias de Maneco. A grande atração era a livraria Dom Casmurro, comandada por Miguel (Tony Ramos). Nos primeiros capítulos, as cenas foram gravadas na Argumento, onde durante muito tempo o autor bateu ponto diariamente. Depois, ganhou um cenário no Projac. Até a abertura da novela mostrava cenas do Leblon, em fotos que se fundiam com pinturas impressionistas.

Período de exibição: 05/06/2000 – 02/02/2001 (209 capítulos) **Horário:** 20h50
Elenco principal: Vera Fischer, Reynaldo Gianecchini, Tony Ramos, Carolina Dieckmann, José Mayer, Deborah Secco, Marieta Severo, Giovanna Antonelli e Alexandre Borges

Mulheres apaixonadas

Tinha gravação no bairro todo santo dia. Tony Ramos, ele de novo, era Téo, saxofonista que tocava no Nick Bar (na verdade o restaurante Vizta, no Hotel Marina), acompanhado pela cantora Pérola (Elisa Lucinda). Já a ciumenta Heloísa, personagem de Giulia Gam, frequentava reuniões do Mada (Mulheres que Amam Demais), que na vida real aconteciam numa sala da igreja Santa Mônica, na Ataulfo de Paiva. Sua obsessão era o marido Sérgio (Marcello Antony), que jogava vôlei na rede em frente ao Marina – outra vez! O apogeu do bairro na trama foi a cena em que Téo e Fernanda (Vanessa Gerbelli) ficam no meio de um tiroteio na Dias Ferreira e são atingidos por balas perdidas. Os ensaios e a gravação duraram cinco dias, envolvendo mais de quatrocentas pessoas e 120 carros. Parou o bairro.

Período de exibição: 17/02/2003 – 11/10/2003 (203 capítulos) **Horário:** 20h55
Elenco principal: Christiane Torloni, José Mayer, Tony Ramos, Camila Pitanga, Rodrigo Santoro, Giulia Gam, Dan Stulbach, Susana Vieira, Erik Marmo e Carolina Dieckmann

Páginas da vida

O cenário mais recorrente foi a praça Antero de Quental, onde os gêmeos Clara (Joana Mocarzel) e Francisco (Gabriel Kaufmann) se encontravam e brincavam sem saber que eram irmãos. Uma cidade cenográfica foi recriada no Projac, com prédios e lojas do Leblon, entre eles a fictícia Casa de Cultura Amália Martins de Andrade, baseada num edifício real da rua General San Martin. Já o chaveiro, a garçonete do café e o dono da banca de jornal eram figuras verdadeiras do bairro, que fizeram pontas.

Período de exibição: 10/07/2006 - 02/03/2007 (203 capítulos) **Horário:** 20h55
Elenco principal: Regina Duarte, José Mayer, Lilia Cabral, Ana Paula Arósio, Fernanda Vasconcelos, Thiago Rodrigues, Tarcísio Meira, Glória Menezes, Sonia Braga e Thiago Lacerda

Viver a vida

Maneco deve ter curtido férias em Búzios e resolveu transferir boa parte da trama para o balneário. Mas o Leblon, mesmo como coadjuvante, manteve a tradição. Um dos cenários era o hotel de Marcos (José Mayer), onde se desenrolavam muitas cenas bem em frente. Já o restaurante natureba Gengibre, onde o elenco inteiro comeu, foi inspirado no Celeiro e no Delírio Tropical. Só que na trama ele ficava no Jardim Botânico.

Período de exibição: 14/09/2009 - 14/05/2010 (209 capítulos) **Horário:** 20h50
Elenco principal: Taís Araújo, José Mayer, Lília Cabral, Mateus Solano, Alinne Moraes, Adriana Birolli, Natália do Vale, Thiago Lacerda, Giovanna Antonelli e Bárbara Paz

Em família

Por conta das obras do metrô e das reclamações de moradores, foi erguido um Leblon no Projac. Do antiquário onde aconteciam os leilões de Helena (Júlia Lemmertz) ao prédio rosa onde a família inteira dela morava (e promovia constantes barracos na calçada), quase tudo era no bairro cenográfico. Construíram até um prédio comercial, chamado Edifício Leblon. O que ficou movimentado no bairro de verdade foi o Baixo Bebê, onde a personagem de Vanessa Gerbelli aparecia um bocado.

Período de exibição: 03/02/2014 - 18/07/2014 (143 capítulos) **Horário:** 21h10
Elenco principal: Júlia Lemmertz, Bruna Marquezine, Gabriel Braga Nunes, Humberto Martins, Natália do Vale, Reynaldo Gianecchini, Vanessa Gerbelli e Vivianne Pasmanter

Outras novelas, outros cenários da cidade

Bandeira 2 | Ramos
Partido alto | Encantado
A moreninha | Paquetá
Água viva | Ipanema
Sol de verão | Flamengo
Vale Tudo | Praia de Copacabana
Cobras & lagartos | Saara
Pecado capital | Méier
O outro | Copacabana
A gata comeu | Urca
Quatro por quatro | Ilha do Governador

Caminho das Índias | Lapa
Lado a lado | Morro da Providência no início do século XX
Salve Jorge | Complexo do Alemão
Fina estampa | Barra da Tijuca
Paraíso tropical | Copacabana
Babilônia | Leme
Império | Santa Teresa
Avenida Brasil | Divino

Bem que poderia ser um bairro real do Rio

As cariocas

Quem foi quem na série de TV *As cariocas*, exibida em 2010 e inspirada no livro de Sérgio Porto, o Stanislaw Ponte Preta (que, aliás, foi também o criador do concurso de vedetes As Certinhas do Lalau):

A noiva do Catete
Alinne Morais

A vingativa do Méier
Adriana Esteves

A atormentada da Tijuca
Paola Oliveira

A invejosa de Ipanema
Fernanda Torres

A internauta da Mangueira
Cíntia Rosa

A adúltera da Urca
Sônia Braga

A desinibida do Grajaú
Grazi Massafera

A iludida de Copacabana
Alessandra Negrini

A suicida da Lapa
Deborah Secco

A traída da Barra
Angélica

Você certamente conhece outra carioca...

....

....

Teste

1. Qual figura carioca ilustra o estandarte do bloco Cordão do Boitatá?

a) O bondinho do Pão de Açúcar

b) O perfil do sambista Candeia

c) A imagem de São Sebastião

2. Maior que o Big Ben, o relógio da Central do Brasil ocupa quais andares da torre da estação ferroviária?

a) do 19º ao 23º

b) do 22º ao 26º

c) do 26º ao 28º

3. Qual destas sequências de estação do metrô está certa?

a) Carioca, Uruguaiana e Central

b) Cinelândia, Catete e Largo do Machado

c) Estácio, Afonso Pena e São Francisco Xavier

4. O Shopping da Gávea tem quatro teatros. O mais antigo deles, o Clara Nunes, fica no terceiro piso, onde também está outro. Qual?

a) Teatro das Artes

b) Teatro Vanucci

c) Teatro dos 4

5. Em qual subúrbio morava a bonitinha, mas ordinária, de Nelson Rodrigues?

a) Vaz Lobo

b) Inhaúma

c) Cascadura

6. O Arco do Teles liga a praça Quinze a qual rua?

a) Travessa do Comércio

b) Rua do Mercado

c) Beco dos Barbeiros

7. Por que o viaduto dos Cabritos, em Campo Grande, tem esse nome?

a) De tanto passar cabrito de um lado para o outro

b) O nome oficial é viaduto Oscar Brito, mas o povão entendeu errado

c) Embaixo do viaduto se prepara um famoso cabrito na brasa

8. "Armas de fogo o meu corpo não alcançarão/facas e lanças se quebrem sem a meu corpo chegar." De onde são esses versos?

a) Oração de São Sebastião

b) Oração de São Jorge

c) Escritos do Profeta Gentileza

9. Qual destes clássicos do Rio é o mais antigo?

a) Angu do Gomes

b) Cachorro-quente Geneal

c) Sorvete Itália

10. O Rappa gravou um DVD ao vivo em qual favela do Rio?

a) Complexo do Alemão

b) Cidade de Deus

c) Rocinha

1C 2B 3C 4B 5A 6A 7B 8B 9A 10C 11A 12B 13C 14A 15A 16B 17C 18C 19B 20C

O Angu do Gomes é de 1955; o Geneal, de 1963; e o Sorvete Itália, de 1975

11. Em qual rua de Copacabana fica o Beco das Garrafas, que nos anos 60 foi o templo da bossa nova?

a) Rua Duvivier

b) Rua Santa Clara

c) Rua Xavier da Silveira

12. Onde está o túmulo com os restos mortais de Estácio de Sá?

a) Monumento a Estácio de Sá, no Flamengo

b) Igreja de São Sebastião dos Frades Capuchinhos, na Tijuca

c) Ladeira da Misericórdia, no Centro

13. Qual restaurante tem paredes e pilastras repletas de autógrafos?

a) Osteria Dell'Angolo

b) Albamar

c) La Fiorentina

14. Arrendado pelo Botafogo, o Engenhão fica em qual bairro?

a) Engenho de Dentro

b) Engenho Novo

c) Marechal Hermes

15. Onde nasceu a Livraria da Travessa?

a) Travessa do Ouvidor

b) Travessa do Paço

c) Travessa das Belas Artes

16. Qual dos "três malandros" sempre exaltava Ramos?

a) Moreira da Silva

b) Dicró

c) Bezerra da Silva

17. Casa Turuna é...

a) Réplica da primeira moradia indígena, exposta no Museu do Índio

b) Restaurante que funciona dentro da Quinta da Boa Vista

c) Loja centenária de fantasias e adereços carnavalescos na Saara

18. Qual boate ficou famosa por seu banheiro unissex que também era um lounge bar?

a) Kitschnet

b) Hippopotamus

c) Dr. Smith

19. Fernanda Torres, Cláudia Abreu e Miguel Falabella estudaram teatro num conhecido curso do Rio que há décadas forma grandes atores. Qual?

a) CAL

b) Tablado

c) UniRio

20. Em qual rua de Laranjeiras fica a Casa Rosa, bordel de luxo que viveu seu auge nos anos 50 e 60?

a) Rua Leite Leal

b) Rua General Glicério

c) Rua Alice

JUL	AGO	SET	OUT	NOV	DEZ
Anima Mundi Festival de animação que apresenta produções do mundo todo. É realizado em vários espaços da cidade.		**Bienal do Livro** O nome é autoexplicativo: acontece no Riocentro a cada dois anos, sempre em anos ímpares.	**Festival do Rio** Espalhado por vários cinemas, é uma maratona com muitos filmes bons e alguns nem tanto. Muitos deles nunca chegam ao circuito.	**Feira da Providência** Oferece inúmeros produtos do Brasil e do mundo. Antigamente, era uma chance rara de comprar coisinhas importadas.	**Trem do Samba** No Dia do Samba, trens saem da Central até a estação Oswaldo Cruz levando em cada vagão sambistas que já vão tocando ali mesmo.
		Rock in Rio Quase em frente, na Cidade do Rock, e também em anos ímpares. Mas os ingressos esgotam muito antes.		**Festival Panorama** Maior evento de dança do Rio, que se espalha pela cidade com espetáculos e performances.	
	Rio Gastronomia Maior evento do gênero do país. Promovido pelo jornal *O Globo*, lota o Jockey com vários restaurantes, estandes e food trucks.	**ArtRio** Maior feira de artes da América Latina. Acontece no Pier Mauá, em galerias e outros pontos da cidade.		**Árvore da Lagoa** O Natal é só em dezembro, mas a árvore acende antes, com uma atração musical na inauguração.	**Rio Mapping Festival** Fachadas de prédios e monumentos do Rio ganham projeções, enquanto são realizados shows e performances.
Arte de Portas Abertas Ateliês e espaços culturais de Santa Teresa abrem para visitação e vendem peças de arte a preços bacanas.	**Carioquinha** Projeto que dá descontos camaradas nos pontos turísticos para quem nasceu ou mora no Rio.	**Casa Cor** Evento de arquitetura de interiores, design e decoração que é sempre montado num lugar diferente.	**Semana Internacional da Música de Câmara** Reúne músicos do mundo todo. Já foi no Espaço Tom Jobim, no CCBB e na Cidade das Artes.	**Festival Villa-Lobos** Evento de música bem abrangente. Tem concertos, shows, peças infantis e mostra de filmes. Tudo com música ao vivo.	
Festival Multiplicidade Junta artes visuais, sonoridade experimental e tecnologia no Parque Lage e no Oi Futuro.		**Morar Mais Por Menos** Outro evento de ambientes decorados, mas com soluções criativas que cabem no bolso.	**Rio Wine & Food Festival** Evento que junta jantares harmonizados, seminários e feira em torno do vinho.	**Mondial de La Bière** Festival internacional de cerveja, no Pier Mauá.	**Réveillon** É só correr para o abraço em um dos palcos espalhados pela orla.
		Festival Internacional de Cinema Infantil Acontece em salas da rede Cinemark.		**Flupp** Inspirada na Festa Literária Internacional de Paraty, é realizada sempre em alguma comunidade carente.	

Calendário Carioca

(porque a gente gosta de comida, diversão e arte)

JAN	FEV	MAR	ABR	MAI	JUN
Tattoo Week Rio O evento é de tatuagem, mas reúne também DJs, performances e bandas independentes.	**Desfiles de escolas de samba** Sexta e sábado de Carnaval: Série A. Domingo e segunda: Grupo Especial. No sábado seguinte tem desfile das campeãs.	**Back2Black** Evento sobre cultura negra, na Cidade das Artes, que mistura shows, filmes e debates.	**Comida Di Buteco** Dezenas de botecos criam pratos e petiscos exclusivos.	**Rio Harp Festival** Pouca gente sabe, mas o Rio é palco, há anos, do maior festival de harpa do mundo. Os concertos são em cartões-postais da cidade.	**Salão do Livro Infantil e Juvenil** Não chega a ser uma Bienal, mas reúne dezenas de editoras e autores no Centro de Convenções Sul-América.
Ensaios técnicos É o esquenta para os desfiles. Acontece de sexta a domingo na própria Sapucaí.	**Rio Music Conference** Na Marina da Glória. De dia, trata de negócios. À noite, reúne DJs internacionais.	**Dois Pontos** Festival de teatro, dança e música que promove o intercâmbio do Brasil com outro país. É realizado em vários palcos do Rio.	**É Tudo Verdade** Festival internacional de documentários realizado em algumas salas da cidade.		**Cena Brasil Internacional** Companhias de teatro nacionais e estrangeiras apresentam espetáculos e promovem oficinas no CCBB.
	Concurso de Marchinhas Acontece na Fundição Progresso.	**Brasil Jazz Festival** Não reconheceu? É o Free Jazz, criado em 1985, que foi rebatizado e agora acontece na Cidade das Artes.	**Fashion Rio** Principal evento de moda, antecipa as tendências do verão. Em novembro, é a vez da edição de inverno.		**Festas de São João na Feira de São Cristóvão** São três meses de festas junina, julina e agostina, todo fim de semana.
Verão Rio Realizado pelo jornal *O Globo*, leva shows gratuitos à praia de Ipanema nos fins de tarde.	**Carnaval Histórico** Recria desfiles famosos numa versão compacta. Promovido pelo jornal *Extra* no Imperator.	**Restaurant Week** Restaurantes preparam cardápios com preço único e generoso. Tem uma segunda edição em setembro.		**Festival Internacional do Circo** De periodicidade bienal, sempre nos anos pares, espalha lonas por vários bairros.	
		Mostra do Filme Livre Principal evento de cinema alternativo do país, leva ao CCBB			

Os autores

Luiz André Alzer

Carioca nascido na Lagoa, é jornalista, frequenta o Circo Voador desde moleque e, como não sabe cozinhar, vive em restaurantes da cidade. Trabalhou em redações de jornais como *O Globo*, *O Dia* e *Extra*, onde foi fundador, editor-executivo e diretor. Tem quatro livros publicados, entre eles a biografia dos Titãs e o *Almanaque anos 80*. É também o criador do jogo de tabuleiro Desafio Carioca.

Bruno Drummond

É cartunista e tem sempre no bolso um caderno para desenhar tipos cariocas. Ilustrou para editoras no Brasil e na Inglaterra, incluindo o jornal *The Guardian*. É criador dos cartuns Gente Fina, premiados no Festival Internacional de Humor do Rio de Janeiro e publicados na revista do jornal *O Globo*. Já lançou dois livros de cartuns. Mora de frente para a baía de Guanabara, que acha a vista mais bonita do mundo.

Eu!

A gente agradece muito a...

Aires Figueiredo, Aline Gomes, Alvim, Anna Acioly, Bruno Agostini, Bruno Thys, Denise Ribeiro, Dragos Stanica, Edson Cerqueira, Edgar Cardoso, Eduardo Auler, Fábio Drummond, Felipe Grumser, Fúlvio Melo, Gabriel da Muda, Hérica Marmo, Javier Rubin, Jesse Marmo, João Henrique Moura, Joaquim Ferreira dos Santos, Jorge Luiz Brasil, Leonardo Bruno, Luciana Barros, Luciana Neiva, Marcelo Dias, Marcelo Janot, Márcia Bessa, Maria Van Grichen, Maria Vargas, Melina Dalboni, Octavio Guedes, Paulo Casado, Raíssa Cavaignac, Ramon Dominguez, Raquel Malafaia, Sereno, Simone Magalhães, Silvana Cardoso, Susana Ribeiro e Thaty Magnavita.

Felipe Maciel, Halime Musser, Marcelo Ferroni, Marcelo Martinez, Nina Lua e Simone Ruiz.

Daniela Considera, Gustavo e Gabriel, Elisabeth e Iderval, Fábio e Bia; Camilla Mota, Theo e Lara, Idumea e Celio.

você estava olhando a bunda daquele cara?
claro que não.
estava analisando os glúteos.